한국의 불안정 노동자

한국의 불안정 노동자

1판1쇄 | 2017년 6월 30일
1판2쇄 | 2019년 1월 4일

지은이 | 이승윤, 백승호, 김윤영

펴낸이 | 정민용
편집장 | 안중철
책임편집 | 윤상훈
편집 | 강소영, 이진실, 최미정

펴낸 곳 | 후마니타스(주)
등록 | 2002년 2월 19일 제300-2003-108호
주소 | 서울 마포구 양화로6길 19, 3층 (04044)
전화 | 편집_02.739.9929/9930 영업_02.722.9960 팩스_0505.333.9960

블로그 | humabook.blog.me
트위터, 페이스북, 인스타그램 | @humanitasbook
이메일 | humanitasbooks@gmail.com

인쇄 | 천일문화사_031.955.8083 제본 | 일진제책사_031.908.1407

값 15,000원

ISBN 978-89-6437-285-2 94300
      978-89-90106-64-3 (세트)

이 도서의 국립중앙도서관 출판시도서목록(CIP)은 e-CIP홈페이지(http://www.nl.go.kr/ecip)와
국가자료공동목록시스템(http://www.nl.go.kr/kolisnet)에서 이용하실 수 있습니다.
(CIP제어번호: CIP2017015301)

이 책의 저자 인세는 모두 청년유니온에 전달합니다. 청년유니온은 "일하고, 꿈꾸고, 저항하다"라는
슬로건 아래 청년들의 노동권 향상을 위해 청년들이 자발적으로 만든 노동조합입니다.

한국의 불안정 노동자

이승윤·백승호·김윤영 지음

후마니타스

일러두기

1. 이 책은 2015년 대한민국 교육부와 한국연구재단의 지원을 받아 수행된 연구임
   (NRF-2015S1A3A2046566).
2. 단행본, 정기간행물에는 겹낫표(『 』)를, 논문, 기고문 제목에는 큰따옴표(" ")를, 법령명에는
   가랑이표(〈 〉)를 사용했다.
3. 법령명은 국가법령정보센터 표기를 따랐다.

차례

• 표 차례

• 그림 차례

• 부록 차례

서문

◇

새벽 5시면 따스한 우리 집 바깥에서 좁은 계단을 오르내리는 신문 배달부의 빠른 발걸음 소리가 들린다. '그가 몇 시에 일을 시작했을까?' 하고 생각하는 사이 동이 튼다. 베란다 밖을 내다보니 버스가 잠시 정차했다가 출발하며 오늘의 순환을 시작한다. 특별히 오늘은 반올림 스타일로 머리를 묶어 달라는 딸아이와 한 번만 더 놀고 씻겠다는 둘째를 달래어 안락한 집을 나선다. 큰아이는 학교로, 막내는 어린이집으로 가기 위해 나와 차에 올라타고 아파트 정문을 지난다. 얼마 남지 않은 머리가 희끗한 경비원에게 인사까지 하고 나면 우리는 공허한 명랑함이 있는 도시로 들어선다.

활기찬 공기에 어쩐지 한기가 있다. 신기한 탈것에 올라탄 야쿠르트 아주머니, 방금 막 지나가는 지하철, 택배 오토바이를 보며 환호하는 막내를 데리고 비로소 어린이집에 들어서면 선생님이 다가와 따뜻한 세계로 아들을 데리고 간다. 잠시 들른 카페에서 주문받는 점원의 핏빛 없는 열정을 어색하게 느끼고 있을 때 잘 아는 연구교수를 오랜만에 반갑게 만난다. 그녀가 자신의 불안한 고용 상태 탓에 하고 싶은 연구가 미뤄지는 처지를 고민한다. 나는 수업을 하러 강의실에 들어선다. 광채가 발산되는 미래를 꿈꾸는 학생들이 한가득 앉아 있다. 매년 최고치가 갱신되고 있는 한국의 청년 실업률, 청년들이 집중되어 있는 저임금 일자리에 대해 설명하자 공중에서 아주 잠시 두 개의 세계 같은 것이 서로 엉켰다가 풀어진다.

기이하다고 생각하며 다음 일정을 위해 발길을 돌린다. 오늘은 학교 내 청소 미화원과 경비 노동자의 노동 현실을 들어 보는 자리가 마련되었다. 한 청소 미화원이 자신의 동료가 강도 높은 노동에 시달린 나머지 쓰러져 지금은 반지하 공간에 누워 있다고 설명한다. 고된 일을 할 수밖에 없는 것은 찢어지게 가난해서인데 일하다가 다치면 더욱 찢어지게 가난해지니 몸뚱이를 관리해야 한단다. 이어 경비 노동자가 자신의 월급은 왜 그렇게 낮은지, 똑같은 대학에서 일하는데 육체노동과 정신노동 하는 사람의 월급이 왜 그리 차이가 나야 하는지 묻는데 내 목에 뭐가 턱 걸린다. 집으로 가기 전 들른 마트의 계산대 앞 중년 여성은 나와 눈을 맞출 찰나도 없다. 줄줄이 내 뒤에 서 있는 고객들은 이미 바쁜 발을 구르고 있다. 떠밀려 나와, 안락한 나의 세계로 들어가기 직전, 5천 원 남짓을 손에 쥐기 위해 손수레에 위태롭게 쌓아올린 폐휴지를 억척스럽게 끌고 가는 노인을 오늘도 어김없이 만난다. 아슬아슬하게 나의 세계로 들어오니 불편한 안도가 집 한가운데에 서려 있다.

우리나라 경제활동인구 중 임금노동자가 74퍼센트 정도인데 이 중 45퍼센트가 비정규직이다(2016년 기준). 대략 2천만 명 중 1천만 명가량이 불안정하게 일하고 있다. 나머지 26퍼센트는 무급으로 가족 일을 돕고 있거나 자영업을 운영하고 있다. 이 중에서도 90퍼센트 이상이 다섯 명 미만의 영세 자영업이다. 일하고 있는 사람의 절반 정도가 불안정한 노동자인 셈이다. 신문 배달원, 버스 기사, 경비원, 야쿠르트 아주머니, 지하철 기관사, 택배 청년, 초등학교 기간제 교사, 어린이집 선생님, 카페 점원, 비정규직 연구자, 청소 미화원,

마트 계산원, 폐휴지를 모으는 할아버지와 같이 내가 매일 만나는 사람들이 그 숫자를 만든다. 이들 다섯 명 중 한 명은 저임금을 받고, 고용 관계는 불확실하며, 사회보험에도 포괄되어 있지 않다. 한마디로 불확실성으로 가득한 지옥 같은 세계에서 일하고 있다. 색깔과 감촉이 다른 두 개의 세계가 어떻게 이토록 가까이에 공존할 수 있을까? '불안정 노동자 50퍼센트'라는 단순해 보이는 숫자 뒤에는 어쩌면 사무치는 이야기들이 있을지도 모른다. 내가 속한 세계는 그 이야기들이 겹겹이 더해져 색이 더 어두워진 다른 세계 때문에 연명하고 있을지도 모른다. 공존의 골목을 지나면 공멸이 기다리는 것은 아닐지……. 두 세계가 서로 만나 화해할 수는 없을까?

◆

1997년 11월 김영삼 전 대통령이 국제통화기금IMF에 구제금융을 요청했다고 발표하는 것을 뉴스에서 봤습니다. 이듬해 2월에는 김대중 전 대통령이 취임 연설에서 "우리나라가 큰 위기에 처하여……"라는 대목에서 잠시 목이 메어 짧은 침묵이 흘렀던 것이 기억납니다. 나라를 살려야 한다며 어른들은 금을 모으기 시작했고, 고 3 수험생이 되기 직전의 겨울방학을 보내고 있던 우리 또래도 나름 걱정이 많았던 것 같습니다. 제 짝꿍이 자율 학습 시간에 "승윤아, 우리나라도 이제 아프리카처럼 될까? 지금 대학 가도 그다음에 취직은 할 수 있을까?"라고 했습니다. 우리가 대학에 진학하던 1999년에는 한창 높았던 실업률이 조금씩 안정화되었는데, 2000년대 초반에 언론에서는 '비정규직'이라는 단어를 빈번하게 사용했습니다. 2000년대 초·중반에 졸업할 즈음에는 이미 우리에게도 '비정규직'이 점점 현실적으로 가깝게 다가오기 시작했습니다. 졸업하고 봄이 되면 여전히 여러 공채 소식들이 뉴스에도 소개되었지만, 그 당시 청년이었던 20대들에게 이미 비정규직 일자리가 확대되기 시작했던 것 같습니다.

2000년대 초반에 있었던 노사정 합의에서 비정규직 확대가 허용되었다는 것, 그 당시에 일차적으로 여성 노동자들부터 대거 해고되었다는 것, 비정규직은 늘고 있었지만 대기업 정규직의 임금과 기업복지 수준은 더 나아지고 있었다는 것은 시간이 더 지나 공부하고 나서야 알게 되었습니다. 아무튼 우리가 경제 위기를 잘 극복했다는 평가가 흘러나오기 시작할 때 우리는 연일 광장에 나가 2002년 월드컵을 즐겼지만, 곧이어 2003년 노무현 정부가 시작되어 한미FTA 협정이 체결되려 했습니다. 이번에는 노동자들과 농부들이 그 광장에 나왔고, '신자유주의 반대'라는 문구를 흔하게 볼 수 있었습니다. 이 모든 것이 정말 외부에서 흘러들어 온 '신자유주의' 물결 때문일까? 이 고민 끝에 저는 주요 선진국들과 한국·일본·타이완의 노동시장과 복지 체제를 비교해 박사 학위논문을 썼고, 특히 지난 몇 년간은 한국의 비정규직에 대해 연구했습니다. 비정규직 연구를 시작하니 영세 자영업, 특수 고용, 하청 노동자, 취준생, 프리터 등 점점 더 비정규직으로도 포괄되지 못하는 '불안정 노동자'가 우리 곁에 많이 있다는 것을 느끼게 되었습니다. 이 책은 우리가 정의해 본 불안정 노동자가 한국 사회에 얼마나 있고, 어떤 일을 하고 있고 또 인구 집단별로는 어떤 모습을 하고 있는지 분석한 결과입니다.

이 책의 일부 내용은 학술 논문 및 학술 대회에서 발표한 글을 수정해 수록했습니다. 4장은 "한국 청년노동시장의 불안정성 분석"(『비판사회정책』 54호)의 일부이며, 7장은 "서비스경제와 한국 사회의 계급, 그리고 불안정 노동"(『한국사회정책』 21권 2호)을 바탕으로 했습니다. 또한 6장은 "한국 이중노동시장과 일하는 노인"(한국사회정책연합 공동학술대회), 8장은 "이상과 현실의 기본소득: 청년기본소득의 의미와 기본소득 기본법"(지식협동조합 제24회 월례정책포럼)으로 발표된 바 있습니다. 이 책은 한국의 불안정 노동자에 대한 분석이지만 구체적인 정책 설계 논의를 전개하지는 못한 채 마무리하게 되었습니다. 한국 노동시장에서 공존의 골목을 지나면 공멸이 기다리는 것은 아닐지, 두 세계는 서로 만나 화해할 수는 없는지, 우리에게 노동이란, 일이란 무엇인지 함께 고민할 계기를 만들 수만 있어도 다행이라 여기며 일단의 자족을 하려 합니다.

제가 앞서 짧게 공유한 고민은 그동안 복지 정책과 불안정 노동시장을 연구하신 가톨릭대학교의 백승호 교수님, 그리고 유능한 박사생인 김윤영 선생이 함께해 주지 않았다면 진지한 연구로 확대되지 못했을 것입니다. 이 자리를 빌려 두 분 연구자에게 감사의 인사를 전하고, 책에서 부족한 부분은 전적으로 제 책임임을 밝힙니다. 또한 연구 진행 단계에서 많은 조언과 아이디어를 주신 이화여자대학교 사회학과 이주희 교수님, 행정학과 강민아 교수님, 노동연구원의 장지연 박사님, 중앙대학교 사회학과 이병훈 교수님, 그리고 청년유니온, 금속노조 울산하청지회 노조 분들에게 감사의 인사를 드립니다. 더불어 책을 출판한 후마니타스 출판사와 집필 과정에서 인내하고 격려해 준 윤상훈 편집자에게도 감사의 인사를 드립니다. 마지막으로 사회의 더 나은 내일을 위해 치열하게 고민하는 연구자들과 눈에 띄지 않는 곳에서 열정을 불태우는 시민사회 운동가, 사회복지

사, 자원봉사자 그리고 일상의 노동 현장과 일터에서 힘들게 일하고 있는 한국 사회의 불안정 노동자들에게 이 책을 바칩니다.

2017년 6월 21일

이승윤

1장
왜 우리는 일하면서도 불안정한가

2014년 한 비정규직 여직원이 약속된 정규직 전환 대신 해고 통보를 받고 자살한 사건이 있었다. 공개된 유서에 따르면, 그녀는 정규직 전환을 위해 중년 남성들의 성희롱을 참아 왔다고 한다. 2015년에는 롯데호텔에서 일하던 청년의 쪼개기 계약 실상이 드러났는데, 이 청년은 3개월 19일간 하루도 빠짐없이 매일 근로계약서를 작성하고 계약을 갱신하다가 어느 날 해고당했다. 2016년 6월에는 서울 지하철 구의역에서 스크린 도어 수리를 하던 19세 청년이 근무 중 사고로 사망했다. 미숙련 비정규 계약직인 이 청년은 밥 먹을 시간도 없이 뛰어다니며 위험천만한 일을 소화해야 했다.

비단 청년들만 이토록 불안정한 삶을 살아가는 것은 아니다. 서울 가리봉동 일대에는 새벽녘 일용직 인력 사무소에 모여 애타게 일자리를 기다리고 있는 노인들이 있다. 일흔이 넘었다고 그나마 일하던 아파트 경비원직에서 밀려나 복지관의 구인광고란 앞을 전전하는 노인도, 일흔이 훌쩍 넘은 나이에 2천~3천 원을 벌기 위해 30킬로그램가량의 폐지가 실린 손수레를 힘겹게 끌고 가는 노인도 있다. 왜 이처럼 열심히 일하면서도 가난한 사람들이 많은가? 1970년 한 청년이 자신의 몸을 불태우며, 저임금과 장시간 근무가 일상이었던 열악한 노동환경을 개선하라는 '인간으로서의 최소한 요구'를 호소했다. 그 뒤로 반세기 가까이 흐른 현재 한국의 노동시장은 과연 얼마나 나아졌을까?

우선 산업화 시기의 주역이었던 현재 노인들의 모습을 살펴보자. 행정자치부의 주민등록 인구통계에 따르면, 2016년 한국의 65세 이상 노인 인구는 약 7백만 명이다. 이는 전체 인구의 13.5퍼센트 수준이다. 2026년에는 21퍼센트, 2051년에는 40퍼센트를 넘어설 전망이다(통계청 2017). 한국은 경제협력개발기구(이하 OECD) 국가들 가운데 노령화가 가장 빠르게 진행되고 있다. 65세 이상 인구 가운데 경제활동인구는 약 2백만 명으로 노년층의 경제활동 참가율은 30퍼센트 정도이다. 우리나라 노인 인구의 약 3분의 1이 노동시장에 참여하고 있는 것으로, OECD 국가들의 평균이 약 13퍼센트임을 고려하면 매우 높다. 1950~60년대를 거쳐 1970년대까지 한국의 산업 발전을 주도하며 불철주야 산업 현장에서 땀을 흘려 왔던 청년들은 이제 노인이 되었다. 하지만 그들은 여전히 쉼 없이 생존을 위해 일하고 있다. 그것도 매우 불안정한 노동시장 환경에서 일하고 있다.

노인들의 고용 불안정성 수준은 매우 높다. 조사 시점의 차이가 있기는 하지만 최근에 이루어진 근로 형태별 취업자 자료를 보면 2014년 8월 현재 60세 이상의 임금노동자가 약 170만 명인데 그중 68퍼센트가량에 해당하는 120만 명이 비정규직에 종사하고 있다(통계청 2015a). 전체 임금노동자 중에는 정규직 노동자가 많지만, 노인들은 정규직보다 비정규직이 많다. 다른 연령층에 비해 노인들이 비정규직에 종사할 가능성이 높다는 것이다.

또한 노인들의 소득 불안정 수준도 높다. 2014년 8월 경제활동인구조사 부가조사에 따르면 법정 최저임금 미달자는 전체 임금노동자의 약 12퍼센트인데, 55세 이상의 중·고령자들을 대상으로 할 경우 그 비율은 약 30퍼센트가 된다. 25세 미만은 28퍼센트, 25~34세는 4.4퍼센트, 35~44세는 5.2퍼센트, 45~54세는 8.9퍼센트이다. 그러니 노인들은 일을 하면서도 가난할 수밖에 없다. 한국의 노인 빈곤율은 약 49퍼센트로 절반에 가까운 노인들이 중위소득 50퍼센트 이하의 상대적 빈곤층에 속한다. 그래서 노인들은 살아가기 위해 폐지를 주우면서라도 일해야 한다. 실제로 노인 가운데 53퍼센트가 경제적인 어려움을 호소하고 있다(통계청 2013). 게다가 공적 연금 등 한국의 사회보장제도는 그 역사가 길지 않아 아직 성숙하지 않았기에, 노령화가 빠르게 진행되는 상황에서 노인 빈곤율은 더욱 악화될 가능성이 크다.

현재 한국 노인들의 소득 구성을 살펴보면, 전체 소득 가운데 일해서 얻은 소득이 차지하는 비율은 63퍼센트에 달한다(OECD 2013b). 이는 OECD 국가들 가운데 가장 높은 수치이다. 일본이 44퍼센트, 스웨덴이 11퍼센트, 그리고 프랑스가 가장 낮은 5퍼센트이다. 한국의 노인들은 총소득의 3분의 2가량을 일해서 얻은 소득으로 해결하고 있다. 그런데 그 일자리마저 불안정한 저임금 일자리다. 현재 다수의 한국 노인들은 '활기찬 노후 생활'을 위해서가 아니라 생계비를 벌고자 일하고 있다. 그나마 이들을 위한 일자리는 없거나 아주 열악한 수준이다. 계속해서 일해도 가난한 노인 워킹 푸어working poor의 수가 쉽게 줄어들지 않는 이유가 여기에 있다.

한국의 청년들은 어떤가? 통계청의 경제활동인구조사에 따르면, 15~29세 청년들의 경제활동 참가율은 2017년 47.9퍼센트 수준이고, 고용률은 43.4퍼센트, 실업률은 9.8퍼센트이다(통계청 2017). 2016년에는 청년 실업률이 1999년 공식 통계 집계 이후 가장 높았다. 교육을 받지도 않고, 취업도 하지 않으며, 취업을 위한 직업훈련도 받지 않는 청년 니트Not in Employment, Education or Training, NEET 비율은 18.5퍼센트로 OECD 평균 15.4퍼센트를 상회하고 있다. 여기에 취업 준비자, 구직 단념자 등을 포함한 청년 실질 실업률은 2014년 청년 공식 실업률 10.2퍼센트의 세 배보다 많은 36.5퍼센트에 달하는 것으로 추정된다(서울노동권익센터 2015).

노동시장에 참여하는 청년들이라 해도 상황이 다르지는 않다. 임금노동자 가운데 29세 이하 청년 임금노동자들 중 비정규직 비율은, 보수적인 통계치를 제시하는 통계청 발표에 근거해도, 2010년 33.6퍼센트에서 2015년 35퍼센트로 증가 추세에 있다. 다른 경제활동인구 연령층에서는 비정규직 비율이 감소하고 있는 것과 비교해 볼 때, 경제활동인구 연령 중에서 청년층이 특히 불안정한 노동시장 지위에 집중되어 있다는 것을 알 수 있다(통계청 2016a).

월 급여 수준도 청년층은 상대적으로 낮다. 중위 임금의 3분의 2 미만을 받는 청년층 저임금 노동자의 비중은 2015년 30퍼센트 수준으로 60세 이상의 노인층(59.9퍼센트)을 제외하면 가장 높은 수준이다(윤정혜 2015). 그 밖에도 2015년 기준 청년 주거 빈곤율은 전국 가구 주거 빈곤율인 14.8퍼센트보다 훨씬 높은 36.3퍼센트 수준이다. 청년층의 사회보험 가입률을 살펴보면 2013년 국민연금, 건강보험, 고용보험 가입률은 70.1퍼센트, 70.8퍼센트, 69퍼센트였으나, 2016년에는 이보다도 더 가입률이 감소했다. 이는 다른 연령층에서 2013년 이후로 사회보험 가입률이 지속적으로 증가하는 추세에 있는 것과 대조적이다(이승윤·이정아·백승호 2016).

한국 여성들은 어떤가? 한국 여성의 경제활동 참가율은 1980년 46.3퍼센트로 시작해 1990년대 중반 들어 급속히 상승하면서 1997년 49.8퍼센트까지 기록했으나, 1998년 47퍼센트로 전년 대비 2.8퍼센트포인트나 하락했다. 1997년 경제 위기의 충격이 남성과 비교할 때 여성에게 더 크게 작용한 것이다(안주엽 2001). 그러나 1999년 이후 경기가 점진적으로 회복되면서 여성 경제활동 참가율은 다시 증가해 2005년에 50.1퍼센트가 되어 최초로 50퍼센트를 넘어섰다. 이후 2009년 경제 위기로 말미암아 49.2퍼센트 수준으로 하락했다가 2013년 다시 50퍼센트를 넘어섰으며, 2015년 현재 51.8퍼센트까지 증가했다(통계청 2016a).

그러나 남성의 경제활동 참가율 73.8퍼센트와 비교하면 여성은 여전히 20퍼센트포인트 넘게 낮은 수준이다(통계청 2016a). 여성의 경제활동 참가율이 낮은 이유는 여성 노동시장의 불안정성과 관련된다(Lee & Baek 2014). 청년과 노인이 고용, 소득, 사회보험에서 불안정성을 경험하고 있다면, 여성은 이에 한 겹이 더해진다. 여성은 우리나라 불안정 노동시장에 집중되어 있는데 청년의 경우도 여성 청년이, 노인의 경우도 여성 노인이 남성 노인에 비해 더욱 불안정한 노동시장에 집중되어 있다.

통계청(2017)의 경제활동인구조사에 따르면, 2016년 3월 기준 비정규직은 약 615만 명으로 전체 임금노동자 가운데 32퍼센트였다. 남성 가운데 비정규직의 비율은 26.4퍼센트 수준이었지만, 여성 가운데 이 비율은 41퍼센트에 달했다. 여성의 비정규직화 현상이 관찰되고 있다. 한편 한국노동사회연구소는 고용계약을 맺지 않고 장기간 임시직으로 일하는 장기 임시 노동자와 업체에 소속되지 않은 자유노동자, 계절노동자 등을 포괄해 비정규직 규모를 산출할 것을 제안하고 있다(김유선 2016).[1] 이 방식에 따라 장기 임시 근로, 한시적 근로, 시간제, 비전형 근로로 구성된 비정규직 규모는, 2016년 3월 기준 전체 임금노동자의 43.6퍼센트를 차지하며 이는 통계청 등에서 산출한 비정규직 비중보다 10퍼센트포인트 이상 높은 수치이다. 이 기준에 따르면, 남성 임금노동자 가운데 35.3퍼센트, 여성 임금노동자 가운데 54.3퍼센트가 비정규직으로 분류되며, 여성의 비정규직 비율은 남성에 비해 매우 높은 수준이다.

고용 형태를 좀 더 세부적으로 살펴보면, 1989년 여성 임금노동자 가운데 임시직과 일용직의 비중은 61.6퍼센트로 남성(35.2퍼센트)보다 높았고, 2015년 현재 여성의 임시직·일용직 비중은 43.6퍼센트로 여전히 남성(27.6퍼센트)보다 높은 수준이었다. 남녀 모두 1999년과 2000년에 임시직·일용직 근로의 비중이 최고점에 달한 이후 지속적으로 감소해 왔지만, 여성의 임시직·일용직 근로 비중은 남성과 대비해 항상 높은 수준이 유지되었다(이승윤·안주영·김유휘 2016). 시간제 근로에 종사하는 여성의 비율도 매년 증가하고 있다. 2005년 73만 명 가량이었던 시간제 여성 노동자 수는 2014년 약 144만 명으로 두

---

1 한국노동사회연구소는 2000년대 초부터 장기 임시 노동자가 통계청 등 정부 통계에서 제외되고 있다는 점을 지적했다. 김유선(2015)은 고용될 때 근로 기간을 정한 기간제 노동자 혹은 근로 기간을 정하지 않은 자로서 현 직장에 계속 고용될 수 있으리라고 생각하지 않는 자를 한시 근로로 정의하고, 장기 임시 근로는 종사상 지위가 임시·일용인 자 중에서 한시 근로를 제외한 나머지로 정의해 비정규직 규모를 산출했다.

배 이상 증가했다. 2016년 3월 현재 시간제 근로의 72.8퍼센트는 여성이다(김유선 2016).

고용 형태별 근로 실태 조사 결과를 통해 임금수준을 살펴보면, 2015년 남녀 임금격차는 37.2퍼센트에 달했다. 남성이 1백만 원을 받을 때 여성은 63만 원 정도를 받는 셈이다. 이렇게 정규직 대비 비정규직의 임금이 낮을 뿐만 아니라, 정규직과 비정규직 각각에서 남성과 여성의 임금 차이가 두드러지게 나타난다. 여성 비정규직의 평균 시간당 임금은 2015년 기준 약 8천 원으로 정규직 남성의 평균 시간당 임금인 1만8천 원은 물론이고, 비정규직 남성 1만 원에 비해서도 낮다. 다시 말해, 고용 형태의 차이에 더해 성별 차이가 임금격차에 영향을 미치고 있다(이승윤·안주영·김유휘 2016).

노동시장에서 나타나는 성별 격차는 공적 연금 급여 수준의 격차로 이어진다. 한국의 사회보험 시스템이 노동시장에서의 경제활동에 기초하고 있기 때문이다. 국민연금 통계에 따르면, 2015년 여성의 월평균 연금 수급액은 약 27만 원으로 평균 연금 수급액이 약 45만 원인 남성의 60퍼센트 수준에 불과했다(국민연금공단 2016). 경제활동 시기의 일자리 격차가 연금 수급액의 차이로 이어지고 있는 것이다. 이는 다시 노인 빈곤율의 차이로 이어진다. 국민노후보장 패널 자료에 따르면, 2013년 기준 남성 노인의 빈곤율은 40.1퍼센트였지만, 여성 노인의 빈곤율은 45.9퍼센트로 남성 노인 빈곤율보다 6퍼센트포인트 가까이 높았다(장미혜 외 2013).

한국 노동시장에서 청년·여성·노인의 불안정성은 서비스 경제로 변화해 가는 산업구조와 밀접하게 관련되어 있다. 기술의 발전, 재화에서 서비스로의 소비 패턴 변화, 서비스 부문 노동 수요의 증대 등은 서비스 경제의 전형적인 특징이다. 이런 과정에서 서비스업 중심으로 증가된 일자리는 대개 '질 낮은' 일자리로, '저임금'과 '빈번한 고용 단절'을 특징으로 하는 불안정한 고용 관계가 일반적이다. 서비스 경제로의 산업구조 변화가 주요 기제로 작동하면서 워킹 푸어를 양산하고 있다(서울사회경제연구소 2011).

이와 더불어 주목할 점은, 앞서 살펴봤듯이 주로 저숙련, 비정규직 위주로 확장되고 있는 서비스 부문의 노동 수요가 여성·노인·청년 등 노동시장 취약 계층에 의해 충당되고 있다는 점이다. 이 과정에서 전통적 산업사회의 표준적 고용 관계Standard Employment Relationship, SER가 해체되고, 이와 전혀 다른 새로운 고용 형태들이 등장함으로써 이들 노동시장이 불안정성을 가속화하고 있다. 서비스 경제로의 전환과 노동시장의 불안정성을 단순히 고용 관계가 불안정한 비정규직의 확대로 설명하기에는 너무나 새롭고 다양한 고용 형태들이 만들어지고 있는 것이다.

이런 현상들은 1970년대 이후 자본주의 경제체제의 변화 속에서 진행되어 왔다. 그 핵심은 비전형적이고 유연한 고용이 확대됨으로써 전통적 산업사회를 지탱해 왔던 표준적 고용 관계의 해체에서 찾을 수 있다(백승호 2014; 이주희 2011; Kalleberg 2000, 2009; Bosch 2004; Castel 2003). 지난 수십 년 동안 이런 경제·사회구조의 변화는 삶의 불안정성을 일상화해 왔다. 동시에 불안정 고용precarious employment이라는 개념이 유행처럼 사용되어 왔다. 그동안은 비정규직으로 대변되는 불안정 고용을 불안정 노동과 동일하게 사용되는 경향이 있었다. 그러나 불안정 노동이라는 개념은 고용 형태만을 의미하는 비정규직보다 광범위한 개념이다. 그럼에도 불안정 노동에 대한 합의된 정의는 없다. 국가, 지역, 정치 시스템 등 경제·사회적 맥락과 이에 따른 노동시장 상황이 다양한 형태로 존재하기 때문이다(백승호 2014; ILO 2011).

불안정 노동은 주로 고용계약 형태, 종사상 지위와 관련해 사용되면서, 표준적이지 않은 계약, 상용직이 아닌 계약, 무기 계약이 아닌 고용 형태로 정의되어 왔다. 이런 연구들은 표준적 고용 관계 해체와 노동시장 유연화 확산이라는 자본주의 생산 시스템의 변화가 가져온 노동의 불안정성에 대한 관심을 환기한다는 점에서 의미가 있다. 그러나 불안정 노동을 고용 형태라는 단일 차원으로만 바라보고 있다는 데서 한계가 있다. 또한 일부 연구들은 불안정성을 소득, 고용, 사회적 보호 등 단일 차원적 속성들을 병렬적으로 나열하는 데 그치고 있다. 그러나 불안정 노동은 단일 차원에서 병렬적으로 나열되어 정의되기 어려운 복합적 속성이 있기에 다차원적인 측면을 전체적으로 살펴볼 필요가 있다.

특히 기존의 연구들은 대부분 '임금'노동자들이 경험하는 불안정성에 주로 주목하고 있다. 불안정성을 노동권과의 관련성 속에서 파악하고 있는 것이다(Kalleberg 2009; Vosko 2011; ILO 2011 등). 그러나 최근 노동시장 변화의 중심에는 표준적 고용계약 관계의 틀로는 파악하기 어려운 경우들이 확대되고 있다. 예를 들면 앞서 설명한 것처럼, 비경제활동인구 가운데 일할 능력이 있음에도 일을 포기하는 장기 실업자, 프리터, 니트 등 노동권 영역에서 포괄될 수 없는 다양한 정체성을 가진 인구 집단이 확대되고 있다. 그뿐만 아니라 불안정성은 다차원적이며 성, 연령, 계급, 특정 인구 집단 및 직업 집단 등과 복합적인 상호 작용 속에서 다양한 형태로 존재한다. 불안정성에 대한 명확한 개념 정의가 없는 상황에서는 이런 복합성을 제대로 반영하기가 어렵다. 불안정성에 대한 명확한 개념 정의가 필요한 이유는 여기에 있다.

따라서 이 책에서는 불안정성에 대한 새로운 접근법을 취해 한국 노동시장의 불안정성을 분석한다. 우선 불안정 노동시장을 분석하기에 앞서, 이어지는 2장에서는 한국에서 불안정 노동시장이 형성된 배경을 살펴본다. 한국의 불안정 노동은 산업화 시기와 그 이후의 특수한 역사적·제도적 맥락 속에서 제대로 이해될 수 있다. 한국의 산업화는 정부가 주도하고 대기업이 중심이 되어 진행되었다. 이 과정에서 공적·사적 차원의 복지 제도들 역시 대기업의 정규직 노동자 위주로 설계되었다. 1990년 이후 탈산업화와 IMF 외환 위기를 거치면서 노동시장은 급격히 유연화되었지만, 산업화 시기에 형성된 제도는 경로 의존적으로 변화했다.

또한 노동시장의 구조적 변화에 대응하기 위해 만들어진 새로운 제도는 기존의 제도와 상호 작용하면서 노동시장의 이중화와 불안정성을 심화시키는 결과를 만들어 냈다. 2장에서는 이와 같은 한국 불안정 노동시장이 형성된 기원을 역사적·제도적 맥락에서 살펴본다.

3장에서는 노동시장 내 대표적 취약 집단인 청년·여성·노인의 불안정성을 구체적으로 분석하기 위해 불안정 노동 개념을 재구성할 방법을 제시한다. 앞서 불안정성에 대한 새로운 접근법의 필요성을 논했다. 3장에서는 집합 이론을 활용하는 불안정 노동 개념을 제시한다. 이를 위해 불안정 노동에 대한 기존 연구들을 비판적으로 분석한다. 불안정 노동에 대한 기존 연구들은 불안정 노동 개념을 정의하는 데 상대적으로 소홀했다. 비정규직이라는 고용 형태의 불안정성에만 주목했을 뿐이다. 그러나 불안정성은 고용 형태라는 단일 차원으로만 규정할 수 없는 다차원적 속성을 띤 개념이다. 따라서 불안정성의 다차원적 속성들을 찾아내고 불안정성을 개념화하는 일은 무엇보다 중요하다.

따라서 3장에서는 기존 연구에 대한 비판적 검토를 바탕으로, 불안정 노동을 개념적으로 재구성했다. 노동자의 불안정성을 고용 관계, 임금, 사회보험 세 가지 속성으로 이루어져 있다고 정의하고 각각의 개념적 속성을 하나의 집합으로 구성했다. 이 경우 한 개인의 불안정 노동은 고용 관계, 임금, 사회보험 각 측면에서 평가될 수 있으며, 고용 관계가 불안정하거나 안정함, 임금수준이 불안정하거나 안정함, 사회보험이 불안정하거나 안정함으로 나뉠 수 있고 세 가지 측면의 조합으로서 한 개인의 불안정성은 총 여덟 가지 범주로 표현될 수 있다. 이 책에서는 이렇게 여덟 가지 범주를 다시 '매우 불안정', '불안정', '다소 불안정', '불안정하지 않음'이라는 네 가지 개념으로 분류해 어느 한 측면의 불안정성만 주목하지 않고 세 가지 측면을 동시에 고려해 노동시장에서 겪을 수 있는 불안정성을 총체적으로 분석했다.

이렇게 구성한 불안정 노동 개념을 바탕으로 4~6장에서는 한국 노동패널 데이터를 활용해 한국 사회의 불안정 노동시장에 대한 경험적 논의를 진행한다. 이를 위해 서비스 경제 사회에서 불안정 노동에 직면할 가능성이 큰 세 가지 주요 집단인 청년·여성·노인 집단을 대상으로 이들의 불안정성을 분석했다.

4장에서는 청년의 불안정 노동시장에 대해 논의한다. 급격히 변화하는 노동시장의 영향을 가장 크게 받는 집단은 청년이며, 청년기의 노동시장 불안정성은 청년기 이후 삶의 불안정으로 직결된다는 점에서 청년 노동시장이 갖는 중요성은 매우 크다. 따라서 청년 노동시장의 불안정성 자체와 구조에 대한 정밀한 분석이 중요하다. 전 세계적으로 청년 문제가 심화되고 있지만 한국의 경우는 그 정도가 더 심각하다. 구직과 훈련을 모두 포기한 니트 비율이 증가하는 가운데 한국은 고학력 니트 비율이 매우 높다. 또한 고학력 청년들이 잠재 실업, 장기 실업, 비정규직 등 불안정 노동자로 전전하는 경우도 많다. 다른 연령대에 비해 실업률도 높고 외국의 청년들에 비해 고용률도 매우 낮은 상황이다. 또한 정규직 비율이 꾸준히 감소하고 비정규 비율은 증가하고 있으며 월 급여액은 적고 사회보험 가입률도 낮다. 이런 청년들의 상황을 타개하기 위해 정부와 각 지자체가 실행 중인 청년 정책은 수없이 많지만 그 효과성은 분명하지 않다. 4장에서는 한국 청년들이 처한 현실과 이에 대한 적절한 해결책이 되지 못하고 있는 기존의 정책들을 비판적으로 살펴보고, 앞서 정의한 불안정 노동 개념을 활용해 한국 청년들의 불안정성을 구체적으로 분석한다.

5장에서는 여성의 노동시장 불안정성을 집중적으로 검토한다. 탈산업사회에서 여성의 역할에는 혁명적인 변화가 진행되고 여성의 노동시장 참여율도 증가했지만, 한국의 경우 여성 고용률이 정체되고 있는 실정이며, 이에 대한 제도적 해결책 역시 미흡한 상황이다. 사회 지출 가운데 가족에 대한 지출은 많이 증가했지만, 그럼에도 여성 고용률은 쉽게 늘어나지 않고 있다. 많은 여성들이 출산휴가·육아휴직 등에 대한 정책을 원하고 있음에도, 지금까지 한국에서의 가족 지출이 대부분 양육에 대한 지원으로 이루어졌기 때문이다.

가족 구조의 변화와 노동시장의 구조 변화는 많은 여성들로 하여금 노동시장에 진출할 수 있는 기회를 제공했다. 그러나 한국에서는 이를 뒷받침해 여성의 경제활동을 지원할 수 있는 제도적 장치가 완비되지 못함으로써 여성의 삶의 불안정성은 오히려 악화되고 있다. 관대한 일·가정 양립 정책은 여성의 경제활동 참가율을 높인다는 것이 일반적인 주장이다. 그러나 한국에서는 일·가정 양립을 위한 많은 제도가 제안되고 실행되어 왔음에도 여성의 경제활동 참가율은 정체되어 있다. 이는 그런 정책들의 수준이 여전히 열악하거나 제도의 실효성이 없기 때문이다. 그 결과 한국 여성 노동시장 불안정성의 젠더화는 가속화되고 있다. 5장에서는 한국 여성들이 노동시장에서 겪는 불안정성의 배경을 살펴보고, 3장에서 정의한 불안정 노동 개념을 사용해 여성의 노동시장 불안정성을 분석한다. 특히 한국 사회에서 노동의 불안정이 젠더화되고 있는지를 확인할 것이다.

6장에서는 빠르게 고령화되고 있는 한국 사회에서 더욱더 중요해져 가는 노인 노동시장에 대해 논의한다. 한국은 세계에서 고령화가 가장 빠를 뿐만 아니라 노인 빈곤율도 가장 높고, 일하는 노인의 비율 역시 가장 높다. 또한 일을 하면서도 빈곤한 노인들이 매우 많다. 앞서 설명했듯이, 한국의 노인 빈곤율은 2015년 기준 49.6퍼센트인데, 이는 OECD 국가 가운데 가장 높은 수준일 뿐만 아니라 다른 국가의 노인 빈곤율과의 격차도 매우 크다. 한국의 노인이 이렇게 가난해진 대표적 요인으로는 국민연금제도를 중심으로 하는 소득 보장 제도의 낙후성이 꼽힌다. 도입 역사가 짧고 보장 수준이 높지 않은 소득 보장 제도로 말미암아 개인이 노동시장에서 은퇴하는 동시에 빈곤의 늪에 빠질 위험성은 높아진다. 결국 노인들은 생계비를 벌기 위해 노동시장에 다시 진입하게 되는데, 은퇴한 뒤에 기존의 일자리를 다시 찾기는 쉽지 않다.

청년과 여성에게 영향을 미쳤던 서비스업 중심으로의 노동시장 구조 변화는 노인 집단에게도 적지 않은 영향을 미친다. 탈산업사회에 여성의 노동시장 참여 증가는 노인에 대한 돌봄의 부재로 이어지는데, 전통적으로 노후에는 가족 구성원의 돌봄을 받으리라고 기대되었던 노인들은 이제 돌봐 줄 사람도 없고 충분한 노후 소득도 없어 이중적 위험에 노출된다. 서비스 사회에서 일자리는 고학력·고숙련·고임금 일자리와 저학력·저숙련·저임금 일자리로 양극화되는데, 노인들은 이 중 저숙련·저임금 일자리로 쉽게 진입하게 되어 노동시장에서 불안정성에 노출된다. 지금까지의 노동시장 연구는 대부분 핵심 생산 가능 인구에 관심을 기울여 왔다. 그러나 노인 인구가 증가하고 있으며, 한국의 많은 노인들이 불안정한 일자리에서 불안정성을 경험하고 있기 때문에, 이에 대한 분석은 중요한 의미를 가진다. 이에 6장에서는 현재 한국에서 노인들이 처한 상황과 배경에 대해 소득 보장 제도와 서비스업 중심으로의 산업구조 변화를 중심으로 살펴본 뒤, 3장에서 논의한 불안정 노동의 개념을 활용해 노인 노동시장의 불안정성을 분석한다.

7장에서는 한국 노동시장의 불안정성이 계급화되고 있는지를 확인하고자 한다. 앞서 청년·여성·노인 각 집단을 대상으로 불안정성을 살펴보았다면, 7장에서는 불안정 노동을 개인의 계급적 지위 구분에 기초해 분석한다. 서비스 경제 사회의 특성을 반영하는 새로운 계급 구분을 적용해 어떤 계급들이 불안정 노동에 지속적으로 노출되어 프레카리아트화precariatisation되어 가고 있으며 그 규모는 어떤지를 확인한다. 7장에서는 현재 어떤 계급들이 프레카리아트화되어 가고 있는지를 밝히고, 표준적 고용 관계에 기초해 설계된 사회보험 중심의 전통적 사회정책이 이 계급들의 불안정성을 적절히 포괄하지 못하고 있음을 확인할 것이며, 이를 통해 비표준적 고용 관계가 표준화되어 가고 있는 서비스 경제 사회에 적합한 사회정책을 설계하는 데 유용한 함의를 얻고자 한다. 마지막으로는 앞선 논의들을 종합적으로 정리해 한국 불안정 노동시장을 요약하고 한국 노동시장의 진보를 위한 창의적 정책 제언으로 결론을 대신할 것이다.

2장

한국 불안정 노동시장의 형성

한국은 산업화 시기에 급속한 경제 발전을 이루었으나 노동시장의 질적인 측면이 나아졌다고 보기 어렵다. 한국의 경제성장률은 떨어졌고 노동생산성 역시 감소했으며 제조업의 상대적 위상도 낮아졌다. 또한 절반 이상의 노동력이 제조업보다 생산성이 낮은 서비스 부문에 고용되어 있다(ILO 2014). 이런 서비스산업화는 일본이 한국보다 10여 년 먼저 시작되었으나 서비스업 고용률은 한국에서 훨씬 빠르게 증가해 왔다. 또한 1970년대 말부터 1980년대 사이에 여성의 노동시장 참가율도 빠르게 증가했다가 1990년대 말 이후부터는 50퍼센트 정도에서 정체되어 있다.

이 같은 한국 노동시장의 구조적 변화는 비정규 고용을 급격히 증가시켰고, 비정규 고용에 여성이 집중되게 했다. 여기서 비정규 고용은 시간제·임시직·일용직 등 임금과 고용 측면에서 (정규직에 비해) 불안정한 고용 형태라고 할 수 있는데, 1980년대 이후 증가한 비정규 고용은 현재 전체 임금노동자 세 명 가운데 한 명 이상을 차지하고 있으며, 여성의 비율은 남성에 비해 1.5~2배 높다.

경제성장률 둔화, 탈산업화, 여성 노동력 증가 등 노동시장의 구조적 변화는 대부분의 탈산업사회에서 공통적으로 발견되는 현상이다. 그러나 탈산업화 과정에서 비정규 고용의 급격한 증가나 여성의 비정규직화 현상 등이 모든 나라에서 공통적으로 발견되지는 않는다. 일례로 타이완은 앞서 언급한 노동시장의 구조적 변화를 모두 겪었음에도 한국처럼 비정규 고용의 급격한 증가나 비정규 고용의 여성 집중화 현상이 나타나지 않았다. 이런 국가 간 차이를 어떻게 설명할 수 있을까? 그리고 한국의 노동시장에서 확대되고 있는 불안정성은 언제부터 시작되었을까?

자본주의의 다양성Varieties of Capitalism, VoC 이론에 따르면 유사한 구조적 변화를 경험해도 국가의 다양한 제도에 따라 대응 방식이 달라지며 그로 말미암아 나타나는 결과 역시 달라진다. 자본주의의 다양성 이론에서 자본주의 체제는 정치·사회·문화 등 다양한 영역의 제도가 생산관계와 상호 작용하는 제도적 배열로 구성되어 있다고 본다. 자본주의 체제를 구성하는 이런 제도적 요소들은 시장에서 행위자들의 행위 패턴에 영향을 미친다.

생산 영역에서의 조정coordination 양식에 따라 자본주의 체제를 유형화한 데이비드 소스키스David Soskice에 따르면, 영미 계통 국가들은 자유 시장경제 체계에 속하며 독일, 스칸디나비아반도 국가, 일본 등은 조정 시장경제 체계에 속한다. 자유 시장경제 체계에서는 시장의 선호와 같이 시장적 기제에 의해 경쟁적인 조정이 이루어지는 반면, 조정 시장경제 체계에서는 정치적 협상과 합의, 조직적 계층화와 위계 등 비시장적 기제를 통해 조정이 이루어진다. 개별 국가들은 역사적으로 형성되어 온 제도적 배열의 조정 양식에 따라 각자의 생산 체제를 형성·유지해 가기 때문에, 세계화 또는 탈산업화라는 공통적인 압력에 대해서도 서로 다른 방식으로 대응해 간다(Hall & Soskice 2001; 신동면

2009).

이 장에서는 산업화 시기에 형성된 제도 조합이 행위자들의 선택에 어떤 영향을 미치고 있는지를 살펴보고, 이를 바탕으로 한국 노동시장에서 불안정 노동이 확산된 배경을 살펴볼 것이다. 특히 이 장에서는 한국의 비정규직 증가와 같은 노동시장 변화가 여러 제도들의 조합에 의해 조정되어 나타난 산출물이라는 것을 설명하려고 한다. 이는 한국의 산업화 시기(1960~80년대)와 탈산업화 시기(1990년대 이후)의 복지 생산 레짐을 분석해 살펴볼 수 있다.

그렇다면 복지 생산 레짐이란 무엇인가? 먼저 국가는 그 사회의 여러 변화 또는 과제에 대응할 때 기존의 여러 제도들을 재구조화하거나 기존의 제도와 상보성을 가지는 새로운 제도를 도입한다. 이렇게 상보성을 가지며 발전한 제도들은 제도 조합을 이루어 레짐을 형성한다. 하나의 제도 조합인 복지 생산 레짐은 시장 전략, 숙련 형성 과정, 그리고 이를 뒷받침하는 사회적·경제적·정치적 제도의 집합을 의미한다(Lee 2016; Estevez-Abe et al. 2001, 146). 국가의 복지 제도는 생산 체제와 상보성을 가지며 발전한다. 여기서 사회보장제도와 숙련 형성 제도는 노동자의 고용 지위와 관련해 서로 다른 다양한 결과를 가져올 수 있다(Estevez-Abe et al. 2001; Estevez-Abe 2008).

그리고 제도 조합 내의 여러 행위자들은 제도적 제약하에서 행동하게 되는데, 복지 생산 레짐에서 자본주의경제의 행위 주체로서 고용주의 역할과 선택은 노동자의 고용 지위 결정에 크게 영향을 미친다. 신제도주의의 한 분파인 역사적 제도주의는 특히 제도를 행위자의 행동을 제약하는 공식적·비공식적 절차로 해석한다. 따라서 행위자의 선택과 행동이 중요하다. 제도와 행위자는 별개로 상호 분리된 것이 아니라 서로를 전제로 하여 존재하기 때문에, 제도의 형성과 변화 과정에는 항상 제도 속 개인들의 행위가 매개되며 동시에 제도는 그런 개인들의 행위를 제약한다고 본다(신동면 2009). 이 장에서는 한국의 산업화 시기 복지 생산 레짐의 형성과 그 제도 속의 고용주 및 노동자의 행위들을 살펴본다. 그리고 이런 복지 생산 레짐이 탈산업화 시기에서도 변화하지 않고 고착되어 궁극적으로 불안정 노동을 양산하는 데 기여하게 되는지 설명한다.

1. 산업화 시기에 형성된 대기업 중심의 복지 생산 레짐

한국의 산업화는 1960년대 후반부터 정부의 강력한 주도하에 본격적으로 진행되었다. 당시 정부는 소수의 선택된 대기업을 지원하는 수출 주도형 전략을 통해 급속한 경제성장을 달성했다. 이 과정에서 한국 특유의 대기업 중심 복지 생산 레짐이 형성되었다. 이렇게 형성된 복지 생산 레짐의 제도적 유산은 탈산업화 시기까지 영향을 미쳤으며, 노동시장의 불안정성이 확산되는 데도 기여했다.

먼저 산업화 시기 한국 정부의 성격에 대해 설명할 필요가 있다. 일반적으로 조직 및 제도의 관계 설정에서 정부가 강력하고 지배적인 영향력을 행사할 수 있는 국가 구조를 국가 조합주의state corporatism라고 한다(Lee 2016). 1960~70년대에 걸친 한국의 산업화 시기는 유교주의의 강한 영향력(Goodman & Peng 1996), 권위주의적 정부, 그리고 강력한 정부 주도의 경제 발전 등 국가 조합주의적 특징을 보인다. 특히 중앙집권적인 관료제와 소수 정당의 지배 체제는 국가의 거침없는 권위주의적 정책 개발과 실행을 가능하게 했다. 이때 국가는 노동조합뿐만 아니라 기업에 비해서도 위계적으로 높은 위치를 차지했다. '발전주의 국가'라는 용어는 전후 동아시아의 정부 주도 경제성장을 설명하는 개념인데, 발전주의론자들(Chang 1999; Holliday 2000; Peng 2004; Kwon 2005)은 한국을 대표적인 국가 조합주의로 규정한다.

동아시아 발전주의 복지국가론(Goodman & Peng 1996; Kwon 2005; Chung 2006)은 동아시아 국가들의 경제성장을 설명하는 발전 국가developmental state 개념을 빌려 동아시아 복지국가들의 성격을 설명하려 했다. 발전주의 국가론은 모든 사회정책이 국가의 일차 목표인 경제성장에 초점을 맞췄다고 본다는 점에서 생산주의 복지국가의 개념적 속성과 크게 다르지 않다. 그러나 동아시아 복지국가의 발전을 설명하면서 교육 및 엘리트 집단의 역할 등 다른 요인들을 추가해 좀 더 포괄적으로 분석하고 있다. 이안 홀리데이Ian Holliday 역시 동아시아 복지국가의 예외성을 논하면서, 동아시아 복지국가들의 복지 정책 및 사회정책이 경제정책에 종속되어 성장 지향적이라고 설명한다(Holliday 2005).

산업화 시기의 한국은 경제 발전이 국가정책의 최우선 순위에 놓여 있었고 강력한 국가 개입을 통해 높은 수준의 경제성장을 지속했다(Lee 2011). 또한 노동시장 정책과 복지 정책은 경제 발전이라는 목표 아래 개발되고 또 실행되었다. 따라서 이 시기의 사회보장제도 발전 역시 산업구조 및 노사 관계와 밀접하게 관련되었으며 산업 정책들은 사회정책의 기능적 등가물로 간주되었다(Kim 2010). 성장 위주의 경제정책을 사회정책의 기능적 등가물로 간주하는 것은 개인들의 소득 상승이 곧 복지라고 보는 입장이다. 실제로 한국의 산업화 시기 1인당 실질 국민총생산(이하 GNP)은 1960년 106만 원에서 1990년 978

만 원으로 아홉 배 이상으로 증가했다. 그러나 이런 기능적 등가 논리는 경제성장의 낙수 효과를 충분히 기대할 수 있다는 것을 기본적으로 전제한 것이다. 충분한 낙수 효과가 없는 국가에서는 경제정책이 사회정책을 대신할 수 없을 뿐만 아니라, 오히려 소득 불평등을 야기할 수 있어 위험 분산risk distribution이라는 복지국가의 개념적 속성을 전혀 반영하지 못하게 된다.

산업화가 시작될 무렵, 군부 쿠데타를 통해 집권한 박정희 정부는 군부 정권의 정당성을 내세우기 위해 민주주의가 부재한 상태에서 강력한 정부 개입을 통한 빠른 산업화를 진행했다. 한국전쟁(1950~53년)을 겪었던 1950년대 한국은 세계 최빈국에 속했고 1946~62년 사이에 미국이 제공한 원조액은 54억 달러에 달했다(Korean History Committee of KDI 2011). 그러나 미국의 원조가 대출제로 바뀌면서 한국은 수입 대체 정책을 수출 주도형으로 전환해야 했다. 한국의 중앙집권적 수출 주도형 경제 발전은 강력한 정부와 (정부에 의해 선택된) 소수의 민간 대기업의 유착 관계 속에 이루어졌다(Rodrick 2005). 이런 경제 발전 전략과 생산 영역의 제도들은 이를 뒷받침하는 노동자의 숙련 형성, 노사 관계, 그리고 복지 제도와 상보적 조합을 이루면서 한국의 대기업 중심적 복지 생산 레짐을 형성했다.

한국의 생산 영역 제도들, 노사 관계, 노동자 숙련 형성 방식과 복지 제도는 민간 대기업 중심으로 형성되었다. 대기업 위주의 제도는 급속한 경제 발전에 핵심적인 역할을 담당했고 정부가 지원하는 대기업과 그 외 나머지 중소기업 사이에는 명백한 위계적 관계가 존재했다. 제조업이 급격히 성장하면서 숙련된 노동력 수요가 증가했고 제조업 부문의 기업들은 숙련된 노동자를 확보하고자 서로 경쟁했다. 이를 위해 고용주들은 기업 내 훈련on-the-job training, OJT에 투자함으로써 노동자들이 기업 특수적 숙련firmbased-skill을 습득해 다른 기업으로 이직할 의도를 낮추고자 했다. 또한 자신이 고용한 노동자의 숙련 형성에 비용을 투자한 기업들은 숙련된 노동자들이 기업에 오래 남도록 하기 위해 연공임금제, 종신 고용, 기업 노동조합 등의 특징을 갖는 내부노동시장을 발전시켰다(Lee 2016). 법적 고용 보호와 실업 급여 등의 복지 제도가 부재한 상황에서 연공임금제 및 종신 고용이 고용보험의 기능적 등가물 역할을 했다(Lee 2016; 이승윤 2012).

이렇게 기업 특수적 숙련을 가지고 있으면서 주택 보조, 상여금, 고용 보장 등 기업이 제공하는 복지 혜택을 받는 노동자들은 다른 기업으로 이직할 동기가 감소했다. 고용 및 임금 보장 등 복지 제도의 기능적 등가물로, 산업화 시기 대기업에서는 종신 고용 및 연공서열 제도, 보너스 및 각종 가족수당 제도가 형성되었다. 또한 이런 기업 내의 노동조합은 조합원이 아닌 기업 외부의 노동자들이 요구하는 사항에 크게 관심을 가질 이유가 없었다. 다시 말해, 대기업의 노조원들은 기업 외부의 노동자들과 연대해 국가적 차원의 복지 제도를 도입하라고 요구할 동기가 크지 않았던 것이다. 이렇듯 한국의 대기업 중심 경제 발전 전략은 대기업 정규 노동자 위주로 고용 및 임금 보호를 제공하는 복지 생산 레짐을 형성했다. 또한 기업이 제공하는 복지 혜택은 대기업과 중소기업 간 차별적 조건을 강화했으며, 이는 대기업 중심적인 이중적 복지 제도가 형성되는 출발이었다(Keizer 2010; Lee 2016).

대기업 중심 복지 생산 레짐의 개념을 좀 더 명확히 이해하려면, 대기업이 아닌 중소기업 중심 복지 생산 레짐의 예를 살펴보는 것이 도움이 된다. 중소기업 위주의 복지 생산 레짐을 발전시킨 대표적인 국가로는 타이완을 들 수 있다. 타이완 역시 한국과 마찬가지로 빠른 산업화와 경제성장을 이루었지만 그 과정에서 한국과 달리 중소기업 위주의 복지 생산 레짐을 발전시켰다. 전후 타이완에서는 일본 소유의 대기업들을 정부가 소유 및 운영하기 시작했고, 타이완 토착민들이 중소기업을 소유하고 있었다. 1980년대 이후 수출 주도형 경제 발전 전략에서 중소기업이 차지하는 중요성을 인지한 타이완 정부는 적극적으로 중소기업을 지원하는 정책을 도입했다.

또한 타이완과 한국의 중요한 차이는 타이완의 경우 공공 직업훈련 시스템이 존재했다는 것이다. 타이완에서 대부분의 직업 훈련은 공공 훈련 센터나 국가의 교육제도를 통해 제공되는데 노동자들은 직업학교에서 산업 특수적 숙련을 형성했다. 이는 대기업에서 입사 후 연수와 훈련을 통해 기업 특수적 숙련을 형성시킨 한국과 다르다. 타이완의 중소기업들은 한국의 대기업처럼 내부노동시장을 발전시키기보다는 동일 직업군 내 노동시장에서 서로 경쟁하는 시스템을 발전시켰다. 한국처럼 기업 내부노동시장이 존재하는 경우 회사 내에서의 노동자의 근로 기간, 호봉, 나이, 기업 특수적 숙련이 임금과 승진을 결정하는 중요한 요인이 되지만, 타이완처럼 많은 중소기업이 직업/산업군 내에서 경쟁하는 노동시장에선 특정 기업이 아닌 특정 산업에서의 근로 경험이 중요한 요인이 된다. 따라서 타이완의 노동자들은 기업 특수적 숙련보다는 산업 특수적 숙련의 발전에 관심을 두었다. 산업 특수적 숙련을 가진 경우 같은 산업 내에서 기업 간이동이 더 쉽기 때문이다.

정리해 보면, 타이완은 산업화 시기에 중소기업 중심의 복지 생산 레짐을 발전시킨 반면, 한국은 강력한 정부 주도의 수출 지향적 경제 발전 전략을 취하는 과정에서 대기업 중심적 복지 생산 레짐을 형성했다. 한국의 이런 제도적 유산은 서비스 경제로의 전환과 노동시장의 구조적 변화 속에서도 지속되어 비정규 노동자의 급증과 비정규 고용에 여성이 집중되는 성 분절화에도 영향을 미쳤다.

2. 변화하는 산업구조와 제도 유산

탈산업화 시대에는 고용이 서비스업에 집중되면서 노동시장이 양극화되고 불안정 노동자가 증가할 수 있다고 설명하는 연구들이 많다(Pierson 1994; Krugman 1996; Bonoli et al. 2000; Esping-Andersen 2004, 2009; Kalleberg 2009; Standing 2009). 1980년대 초부터 한국 노동시장이 변화한 경향은 서구의 탈산업사회와 유사했다. 2차 산업인 제조업에서의 고용은 감소하거나 정체되었고 3차 산업인 서비스업에서의 고용은 급격하게 증가해, 1990년대 이후로 전체 노동자의 절반 이상이 서비스업에 종사하고 있다(World Bank 2012). 특히 한국은 농업이 쇠퇴하는 동시에 산업화가 진행되었기 때문에 서비스 경제로의 전환은 1차 산업인 농업의 쇠퇴와도 맞물려 나타났다. 또한 1970~80년대에 급격하게 증가한 제조업 부문의 고용은 1990년대에 들어서 다시 급격하게 감소했다. 한국의 산업화는 그야말로 압축적으로 진행되었다(장경섭 2009).

이런 고용구조의 변화와 더불어 국내총생산(이하 GDP) 증가율은 낮아지고 총 노동생산성은 감소했다. 한국의 경제성장률은 2000년대 들어 3퍼센트까지 추락했으며(World Bank 2012), 대다수의 노동자들은

그림 2-1 | 산업별 고용률 변화

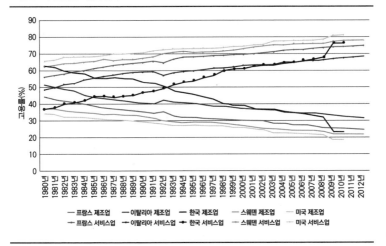

자료 : ILO(2017).

제조업에 비해 생산성 증가율이 현저히 낮은 서비스업에 종사하고 있다. 여성의 노동시장 참여율이 증가한 것도 탈산업사회의 한 측면인데, 여성의 노동시장 참여율이 2000년대 중반 이후 50퍼센트 전후에서 정체되어 있기는 하지만, 많은 OECD 국가들처럼 한국에서도 여성의 노동시장 참여 증가가 고용의 서비스화와 함께 일어났다. 이를 통해 전체적인 비정규 고용의 증가가 여성이 노동시장에 진입할 수 있는 새로운 가능성으로 작용한 측면도 있음을 알 수 있다.

노동시장의 구조적 변화가 다소 급격히 일어난 반면, 이에 상응하는 제도 변화는 좀 더 점진적으로 일어났다. 앞선 시기에 형성된 제도들의 유산은 새로운 구조적 변화에 대응하는 새로운 제도와 함께 조합을 이루며 노동시장 이중화를 심화시켰다.

산업화 시기 대기업이 경제성장을 주도하면서 한국의 대기업과 중소기업 사이에는 명백한 위계가 생겨났다. 대기업 정규직 노동자들을 위한 고용 및 임금 보호 제도와 기업 내 훈련, 종신 고용, 연공 임금제 등의 형태로 제공되는 대기업의 복지 제도는 대기업 종사자와 중소기업 종사자 사이에 구조적인 차이를 만들어 냈다. 이런 구조적 차이는 1990년대에 일어난 산업구조 및 노동시장의 변화에도 불구하고 끈질기게 지속되었다. 예를 들어, 대기업이 한국의 GNP에 기여하는 비중은 여전히 높았는데, 1993년 한국의 상위 5대 기업이 GNP에서 차지하는 비중은 52.4퍼센트였고, 50대 기업이 GNP에서 차지하는 비중은 93.8퍼센트에 이르렀다(Kwon 2004). 또한 대기업의 중화학 산업은 지속적으로 제조업 부문의 우위를 점하고 있었다. 이들 산업은 2007년 한국의 총 산업 생산량 가운데 83.5퍼센트를 차지했다(OECD 2009).

내부노동시장을 가진 대기업의 고용 관행 역시 지속되었다. 여전히 기업 수준의 강력한 고용 보호가 존재하며, 이로 말미암아 한국의 정규직 노동자 고용 보호의 경직성은 OECD 평균에 비해 높은 수준이다. OECD의 고용 경직성 지수를 보면, 2000년대 한국의 정규직 고용 보호 경직성은 2.5 정도로 OECD 평균 2.1에 비해 높은 수준이다. 반면, 임시직 고용 보호 경직성 지수는 1.7로 정규직에 비해 낮을 뿐만 아니라 OECD 평균보다 낮다. 중소기업의 비정규직 비율이 높은 반면, 대기업에서는 정규직 비율이 중소기업에 비해 압도적으로 높다. 한국의 고용 보호는 정규직 노동자, 다시 말해 대기업 노동자들에게 호의적이다. 그리고 대기업과 중소기업으로 이중화된 고용보호는 핵심 노동자, 즉 내부노동시장의 노동자들 중심으로 유지되고 있다.

다음으로 대기업과 중소기업 노동자 간 임금격차를 분석해 보면 한국의 연공임금제는 서비스 경제가 확대되기 시작한 1990년대 이후에도 큰 변함이 없다. 대기업과 중소기업 간 이중화된 임금 구조는 여전히 매우 견고하며, 오히려 탈산업화 시기에 더욱 심화되어 5백명 이상을 고용하는 대기업의 평균 임금은 10명 미만을 고용하는 중소기업 평균 임금의 두 배가 넘는다(Yang 2013). 1997년 외환 위기 이후 서비스화와 낮은 경제성장에도 불구하고 5백 명 이상을 고용하는 대기업의 임금은 1980년대보다 빠르게 증가했다. 다시 말해, 경제 위기 극복을 위한 재구조화 이후 중소기업 노동자들의 임금은 정체된 반면, 대기업 노동자들은 계속된 임금 증가를 누렸다.

대기업 중심 복지 생산 레짐의 견고성은 고용주가 제공하는 현금성 급여 등의 기업 복지를 분석했을 때 더욱 명확히 나타난다. 1986년과 2008년 사이에 제공된 기업 복지를 기업 규모에 따라 분석해 보면, 대기업과 중소기업 사이의 격차가 뚜렷이 증가했다. 1천 명 이상을 고용한 기업이 제공하는 자발적 기업 복지의 규모는 3백 명 이상을 고용하는 기업의 두 배에 이른다. 또한 중소기업들의 기업 복지 공급 수준이 정체되어 있는 반면, 1천 명 이상을 고용하는 기업의 복지 공급 수준은 증가하고 있다(Yang 2013). 결국 대기업 차원의 복지 시스템에서 나타나는 대기업과 중소기업의 이중화는 별다른 변화 없이 더욱 견고해졌음을 알 수 있다.

마지막으로, 노사 관계 역시 산업화 시기의 대기업과 중소기업의 노조 조직률 격차가 지속되고 있다. 3백 명 이상을 고용하는 기업의 기업 내 노동조합 조직률은 2008년 45.4퍼센트였던 반면, 1백~299

명을 고용하는 기업의 노동조합 조직률은 13.6퍼센트로 세 배 정도 차이가 난다. 게다가 30명 미만을 고용하는 기업들의 경우 이 수치가 0.2퍼센트까지 급격하게 떨어진다(Peng & Wong 2010). 산업별 협상에 참여하기를 거부한 현대자동차 노동조합의 경우에서 알 수 있듯이, 대기업과 중소기업 노동자 간 연대는 지속적으로 매우 약하게 유지되고 있다(Yang 2013).

대기업과 중소기업 간의 이런 이중화는 정부가 대기업을 지원하는 수출 주도형 전략에서 비롯되었다. 이 과정에서 복지 시스템, 노사 관계, 노동자의 숙련 형성 제도는 국가의 생산 제도와 상보적으로 발전했다. 그 결과 산업화 시기 대기업 노동자들 중심의 복지 생산 레짐이 만들어졌다. 그러나 한국에서 산업화 시기에 효율적으로 기능했던 대기업 중심의 복지 생산 레짐은, 경제구조가 서비스업 중심으로 변화하는 과정에서 나타난 노동시장의 문제들에 적절히 대처하지 못했다.

따라서 고용주와 노동자는 새로운 노동시장 환경과 기존 제도의 부정합에 대처할 수 있는 대안을 모색하게 된다. 이때 기존에 존재하는 제도들은 상호 보완적으로 영향을 미치면서 행위자, 즉 고용주와 노동자의 선택을 제약하는 요인으로 작용했다. 다시 말해, 고용주와 노동자들의 행위와 선택은 이미 주어진 제도적 틀 안에서 결정되는데, 한국의 경우 이런 제도적 경로 의존성이 지금과 같은 심각한 불안정 노동시장이 형성되는 데 기여했다. 이 장에서는 비정규 노동의 증가와 성 분절적인 노동시장 구조가 나타나게 되는 과정을, 서비스 경제 사회에서 행위자의 선택과 제도적 유산(노동시장 변화가 제도에 의해 조정됨)을 중심으로 살펴본다.

산업화 시기에 형성된 제도는 제도적 유산으로 남아 노동시장 행위자인 고용주와 노동자의 선택을 제약했다. 저성장이 지속되는 탈산업화 시대의 노동시장을 이해하게 하는 한 가지 설명은, 산업화 시대에 형성되었던 제도적 유산 속에서, 탈산업화 시대의 고용주는 비용을 절감하기 위해 비정규 고용을 늘리게 되었다는 것이다. 앞서 설명한 복지 생산 레짐 아래에서는, 비정규직 노동자에 대한 사회적 보호 비용이 낮고 해고가 쉬우며 대부분의 비정규직 노동자들이 노동조합에서도 배제되기 때문에, 정규직 노동자를 고용할 때보다 고용주에게 발생하는 비용이 적다. 산업화 시기에 형성된 제도 조합에서는, 고용주가 비정규 노동자를 고용하고 해고하기 유리한 조건이 형성되었다. 따라서 저생산성의 서비스 경제 사회로 전환되는 과정에서 고용주들, 특히 대부분의 중소기업 고용주들이 노동비용 절감을 위한 다양한 선택지 가운데 비정규 노동자 고용을 늘리는 전략을 선택하게 되었다(Lee 2016).

하지만 대기업의 고용주들도 중소기업 고용주들과 마찬가지로 저성장 시기에 대응하는 비용 절감 대책이 필요했다. 대기업 고용주들은 직접적으로 비정규 노동자를 더 늘리기보다는 중소기업으로의 외주화outsourcing를 늘리고, 이미 고용되어 있는 내부 노동자, 즉 기업 특수적 숙련을 지니고 있으며, 기업 노조의 조합원이자, 대부분 남자로 구성된 노동자들을 보호하는 동시에 새로운 정규직 노동자 채용을 대폭 줄이는 전략을 취했다. 이런 구조 속에서, 대기업과 중소기업 간 위계적 관계가 존재하는 한국에서 대기업의 하청을 받는 중소기업은 대기업에 더욱 의존적일 수밖에 없다. 대기업에서 생산비용 절감을 요구하면, 중소기업의 고용주는 생산비용을 절감하기 위해 비정규 고용을 확대하고, 값싼 저숙련 노동력을 이용하게 되며, 이들에 대한 투자와 훈련, 교육 등에 소홀해진다. 결국 중소기업 노동자들과 대기업 노동자들 간 인적 자본의 격차마저 발생하게 된다.

비슷한 시기에 산업화와 탈산업화를 경험한 타이완의 경우 비정규직 비율이 한국에 비해 현저히 낮다. 중소기업 중심의 복지 생산 레짐을 발전시켰던 타이완 역시 산업화 시기에 형성된 제도 유산이 행위자의 선택에 영향을 준다. 그러나 한국과 달리 타이완의 중소기업 고용주들은 비정규 고용을 선택해서 얻는 비용상 이익이 한국만큼 크지 않았기 때문에 비정규 고용 전략이 매력적인 선택지로 작용하지 않았다. 또한 직업/산업 특수적 숙련을 지닌 타이완의 여성 노동자들은 생애 주기상 요구에 맞춰 노동시장에 진입하거나 나올 선택의 자유가 있었기 때문에 한국의 여성들처럼 남성에 비해 비정규직 노동자에 집중될 요인이 적다.

3. 한국 불안정 노동시장의 확대

한국은 비정규 노동자가 급증해 전체 노동자의 3분의 1에 이른다. 일본과 함께 OECD 국가 중에서도 비정규 고용이 빠르게 증가했고, 비중도 높은 대표적인 국가로서 임시 고용 노동자 비율은 OECD 국가 가운데 가장 높은 국가 가운데 하나이다. 유사한 노동시장 구조 변화를 겪은 타이완과 달리 한국에서 이처럼 비정규 노동자가 많은 이유는 산업화 시기에 형성된 복지 생산 레짐이 지난 30년간의 탈산업화 시기에 나타난 급격한 변화에 대응하지 못했기 때문일 수 있다.

비정규 노동자의 대다수가 중소기업에 고용되어 있으며, 중소기업의 대다수가 서비스 부문에 속하기 때문에, 한국에서 대부분의 비정규 노동자는 서비스 부문 내의 중소기업에 집중되어 있다고 볼 수 있다(OECD 2008). 우리나라는 총 노동자의 70퍼센트 이상이 서비스업에 종사하는데, 서비스업 기업의 90퍼센트가 중소기업이다. 또한 한국 서비스업은 생산성이 낮은데, 경제 발전 시기의 제조업 부문에 비해서는 물론이고 다른 OECD 국가에 비해서도 현저히 낮다. 그러므로 서비스업의 낮은 생산성은 곧 중소기업의 낮은 생산성을 의미하며, 결국 중소기업의 고용주들은 비용 절감이 절실할 것을 짐작할 수 있다. 노동시장에서 중소기업의 고용주는 가장 비용 효과적인 노동력을 고용함으로써 비용 절감을 달성하고 있다.

산업화 시기에 형성된 한국 복지 생산 레짐은 중소기업 노동자에 대한 낮은 수준의 고용 보호를 제도화했다. 이런 제도적 유산은 탈산업화 시기 중소기업에서 비정규 노동자 고용을 촉진하도록 유인했다. 앞서 언급했듯이, 고용 보호 수준은 여전히 양극화된 모습을 보이는데, 주로 대기업에 고용되어 있는 정규직 노동자들에 대한 보호 수준은 강력하고 견고해 해고가 어려운 반면, 중소기업 종사자가 대부분인 비정규 노동자에게는 OECD 평균보다 해고가 용이하다. 따라서 주로 생산성이 낮은 서비스업 부문 중소기업에서 비정규 노동자를 사용하게 되며, 비정규 노동자들은 서비스 부문의 중소기업에 집중되어, 비정규 고용과 중소기업 간 관계가 긴밀하게 나타난다.

산업화 시기에는 종신 고용이 매우 일반적이었는데, 탈산업화 시기에도 여전히 기업 규모에 따라 고용 기간의 차이가 명확히 존재한다. 대기업과 중소기업 간 고용 안정성에서도 이중화가 지속되고 있다. 대기업 노동자들의 고용 안정성은 매우 높다. 2011년 5백 명 이상을 고용하는 기업의 노동자는 평균 근로 기간이 10년 이상이었지만, 10명 미만을 고용하는 중소기업 노동자의 평균 근로 기간은 그 절반에도 미치지 못해, 기업 규모에 따라 고용 기간의 차이가 나타나고 있다. 생산비용을 절감하라는 압력이 매우 큰 서비스 부문의 고용주들은 대기업 중심 복지 생산 레짐의 잔여적인 제도하에서 비정규 고용이라는 대안을 선택하게 되었다.

비정규 노동자는 고용 안정성이 낮을 뿐만 아니라 정규직 노동자들이 누리는 다양한 사회적 보호에서도 배제되기 쉽다. 전 국민을 대상으로 하는 국민연금의 혜택을 받은 비정규 노동자는 2007년 기준 13.9퍼센트에 불과한데, 이는 정규직 노동자가 98.7퍼센트임에 비하면 턱없이 낮은 수치이다(OECD 2008). 비정규 노동자는 근속 기간이 짧고 이직률이 높기 때문에 보험료 납부가 정규 노동자보다 어려운 만큼 국민연금 제도에서 배제되기 쉽다. 또한 서비스직 노동자의 낮은 임금도 연금 보험료 납부를 어렵게 만드는 주요 원인이다.

산업화 시기에 대기업의 남성 노동자 중심으로 설계된 민간 및 정부 차원의 복지 시스템으로 말미암아, 한국은 정규직 노동자와 비정규직 노동자 사이에 고용 안정성과 복지 혜택 등의 구조적 차이가 존재하는 이중 노동시장이 형성되었다. 이중 노동시장 내에서 정규직 노동자는 대기업에 주로 고용되면서 높은 수준의 고용 보호와 관대한 사내 복지 및 공적 급여를 누리는 반면, 비정규직 노동자는 주로 중소기업에 집중되고 낮은 수준의 고용 보호와 부족한 복지 혜택을 받는다. 공식적인 제도적 규칙 아래에서 사회보험 혜택을 완전히 누릴 수 있는 노동자는 전체 비정규 노동자의 절반에도 못 미친다. 비정규 노동자가 사회적 보호에서 배제되는 것은 고용주의 입장에서 노동비용을 절감할 수 있는 요인이기에, 고용주들은 필요한 노동력을 비정규 고용으로 채움으로써 사회보험 기여 금액, 나아가 전체 노동비용을 절감할 수 있다(Lee & Kim 2013). 게다가 비정규직은 해고가 쉽고, 노동조합 조직률이 낮다. 결국 대기업 정규직 중심의 복지 생산 레짐에서 중소기업 고용주들은 비용을 절감하기 위해 비정규 고용을 적극적으로 활용하는 선택을 하게 되었다.

대기업에는 중소기업에 비해 고용된 비정규 노동자의 수가 적지만, 대기업이 하청이나 외주화 등을 늘리면서 대기업에 소속된 비정규직 노동자의 수 또한 증가하고 있다. 대기업 고용주 역시 노동비용을 절약하기 위해 비정규직 노동자의 고용을 선호하기 때문이다. 저성장 시기에 비정규 노동자는 그 타격을 고스란히 견뎌 내고 있으며, 그로 말미암아 이들의 연속 근로 기간 또한 정규직 노동자에 비해 짧다(OECD 2008). 또한 정규직과 비정규직 간 임금격차도 매우 큰데, 그럼에도 대부분이 정규직 노동자로 구성된 기업 노조는 비정규직의 이익을 고려할 동기가 여전히 적다(Yang 2013).

이런 고용 제도의 지속은 여전히 정규직 노동자들에게만 상당한 고용 안정성, 고용 보호를 제공하는데, 기업들은 영구 고용된 핵심 노동자의 채용을 줄이지만 이미 안전한 핵심 내부에 포함된 노동자들은 경로 의존적인 복지 제도의 맥락 속에서 여전히 보호받고 있다. 즉 안정적인 내부노동시장의 노동자는 탈산업화 시기에도 안정성을 보장받고 있지만, 내부노동시장의 규모 자체가 줄고 외부노동시장의 불안정한 노동자는 늘어나게 되는 것이다.

종신 고용은 산업화 시기에 비해 많이 줄었지만, 그럼에도 여전히 대기업을 중심으로 종신 고용과 연공임금제가 많이 나타나며, 이는 지난 20년간 큰 변화가 없었다. 고용노동부에 따르면 2013년 1백 명 이상을 고용하는 기업의 72퍼센트, 3백 명 이상을 고용하는 기업의 80퍼센트가 종신 고용과 연공임금제를 사용하고 있다. 급변하는 노동시장에서 대기업 역시 비용 절감의 압박을 받았지만 대기업은 기존의 노동자를 해고하는 대신에 기업 내에서 핵심 노동자의 직무를 변경하거나, 동일한 그룹 내의 다른 회사로 이직시키거나(Genda & Rebick 2000) 신규 채용 인원을 급격하게 줄이는 방식으로 대응했다.

정리해 보면, 산업화 시기에 대기업을 통해 실행된 급속한 경제 발전은 기업 규모에 따라 임금, 고용 보호, 기업 복지 등에 격차가 존재하는 이중적인 복지 생산 레짐을 만들어 냈다. 탈산업화는 노동시장의 구조를 변화시켰지만, 기존에 존재하던 제도 조합의 경로 의존성으로 말미암아 산업화 시기 대기업 정규 노동자들을 위주로 만들어진 한국의 제도적 유산은 비정규 고용의 심각한 증가를 야기했다.

이와 같이 비정규 고용이 전반적으로 증가하고 있는 가운데 특히 여성의 경우 시간제 일자리가 크게 증가했다. 종신 고용, 연공임금제, 기업 특수적 숙련 형성 등의 복지 생산 레짐은 여성 노동자들이 남성에 비해 대기업에서 정규직으로 일하기 어려운 환경을 형성했고, 그 결과 여성들은 중소기업에 집중된다. 탈산업화 시기에는 비정규 고용의 증가와 더불어 여성의 노동시장 참여도 확대되었다. 앞서 설명한 자본주의의 다양성 이론에 따르면 복지 생산 레짐, 특히 기업 특수적 숙련 형성 제도는 여성이 비정규직으로 집중되는 데 기여한다. 자본주의의 다양성 이론은 이처럼 노동시장에서 일어나는 성 분절적 현상을 숙련 형성 중심으로 설명한다(Estevez-Abe 2006).

자본주의 다양성 이론은 기업 특수적 숙련 형성 제도나 높은 수준의 고용 보호는 특히 여성에게 더욱 불리하다고 설명한다. 현대사회에서 여성은 남성에 비해 출산과 같은 특수한 생애 주기적 경험을 하거나 이에 따른 사회적 애로 사항을 더 많이 경험하기 때문이다. 기업 내 훈련을 제공하는 고용주 입장에서는 기술 및 숙련에 투자해도, 여성이 생애 주기의 특성상 일찍 회사를 그만두거나 남성에 비해 장시간 근무가 힘들다고 여기기에, 여성을 고용하기 꺼리는 경향이 있다. 여성 역시 한 기업에서 오랫동안 안정적으로 근무하리라고 기대할 수 없는 상황에서는 특정 기업 특수적인 숙련에 투자하기보다는 여러 기업에서 통용되는 일반적인 숙련에 투자하는 경향이 있다.

또한 승진 및 임금이 기업 내에서 연차에 따른 기업 특수적 숙련 형성을 기반으로 조정되는 경우, 함께 입사한 남성 동료들에 비해 여성들은 불이익을 받을 가능성이 더 높다. 이 경우 여성들은 기업 특수적 숙련 형성의 기회보다는 중성적이고 일반적인 학교 교육에 기반을 둔 자격증이나 전문직 자격증 취득이 더 유리하다고 판단할 수 있다.

자본주의 다양성 이론은 노동시장에서의 성 분절 현상이 숙련 형성 제도와 복지 제도의 결합 양상에 따라 강화될 수 있다는 점도 지적한다. 숙련 형성 시스템이 출산과 양육에 따른 소득 감소로부터 여성을 보호하는 복지 제도의 부재와 결합될 경우 노동시장에서의 성 분절 현상이 강화된다는 것이다. 육아휴직제가 발달하지 못한 경우, 여성이 출산 후 정규직 노동자로서 직장으로 돌아가기가 힘들뿐더러 처음부터 정규직 노동자로 고용되기조차 쉽지 않다. 또한 고용주들이 여성의 경우 결혼 이후 양육에 대한 책임 탓에 노동시장을 쉽게 떠난다고 인식하는 상황에서는 미혼 여성들 역시 미혼 남성에 비해 덜 선호된다. 고용 안정성이 이렇게 불확실한 상황에서는 여성 구직자 역시 대기업의 기업 특수적 숙련보다는 일반적인 숙련에 투자하게 된다.

한편 노동자에게 제공하는 높은 수준의 고용 보호와 기업 내 훈련은 필수적으로 비용을 유발하기 때문에 고용주 입장에서도 비정규직 노동자를 채용하기보다 정규직 노동자를 채용할 때 더 많은 비용이 든다. 높은 비용을 투자한 만큼 기업의 입장에서는 이직 가능성이 낮고 헌신적인 노동자를 선호하게 된다. 그러나 출산 및 육아휴직제와 보육 서비스가 충분히 발달하지 못한 복지 체제에서 여성 노동자는 생애 주기상 양육과 가사 등을 책임지는 탓에 성 특수적 위험에 노출되며, 남성 노동자에 비해 고용이 단절적인 경향이 있다.

이런 사회적 기대와 규범은 여성으로 하여금 남성에 비해 한 회사에 헌신하기 어렵게 만드는데, 한국의 복지 생산 레짐하에서 여성에게는 노동시장 참여를 극대화하기 위한 두 가지 선택지가 존재한다고 볼 수 있다. 하나는 좀 더 유동적이고 좀 더 쉽게 노동시장에서 이탈 및 재진입을 할 수 있는 자유가 있는 전문직 숙련을 습득하는 것이고, 또 다른 하나는 일반적 숙련이 요구되는, 대부분 저숙련 서비스 부문에 속하는 시간제 일자리로 노동시장에 진입하는 것이다. 실제로 한국에서 관리자·변호사·의사 등 고숙련 전문직을 가진 여성들의 수와 시간제 일자리의 수는 동시에 증가해 왔다(Lee 2016). 결국 이런 조건들이 결합해 작용하면서 주로 비정규직에 여성이 집중된다. 그 결과 한국의 여성 비정규 노동자 비중은 남성에 비해 꾸준히 1.5배 정도 높게 유지되고 있다.[1]

4. 노동시장 유연화 정책의 부작용

2000년 이후에는 비정규직 확대의 문제에 대응하기 위해 노동시장 이중 구조를 완화하려는 시도들이 등장한다. 2000년대 초반부터 후반까지 점진적으로 사회보험의 적용 범위를 비정규직 노동자까지 확대하는 방향으로 기준을 완화했다.[2] 2007년 마침내 〈기간제 및 단시간근로자 보호 등에 관한 법률〉(기간제법)이 제정되면서 이들에 대한 차별적 처우를 금지했으며,[3] 기간제 근로자의 근로 기간을 2년으로 제한하며 2년이 지나면 기간의 정함이 없는 고용으로 간주하도록 규정했다. 이어서 2012년 1월 '비정규직 고용 개선 추진 지침'을 바탕으로 공공 부문 비정규직 고용 개선을 위한 무기 계약직 전환 지침[4]이 제시되었으며, 이후 관련법이 파견 근로자 보호를 위해 확충되었다.[5] 이와 같이 2000년대 중반 이후 비정규직 문제에 대응하기 위

---

1 구체적인 분석은 5장에서 설명한다.

2 1980년대부터 1990년대까지 일용 노동자, 기간제 노동자, 시간제 노동자 등의 비정규직은 국민연금 직장 가입자, 건강보험 직장 가입자, 고용보험에서 제외되었다. 특히 고용보험은 2003년부터 월 60시간 미만의 근로자(생업 목적으로 3개월 이상 노동하는 경우 제외)를 제외한 노동자를 〈고용보험법〉 대상자로 규정하기 시작했다.

3 주 15시간 미만 근로자와 55세 이상 고령 근무자는 제외한다.

4 연중 상시 필요 업무에 대한 고용이 2년 이상 계속되었고 2년 이상 지속될 업무 대상 기간제 근로자를 대상으로 평가를 통해 무기 계약직으로 전환한다.

5 2012년 2월 〈파견근로자보호 등에 관한 법률〉(파견법)에 불법 파견 관련 항목과 차별적 처우에 대한 시정 요구 항목이 강화되었고, 〈근로기준법〉에서 임금 체불 연대책임이 귀책사유가 있는 모든 상위 수급인으로 확대되었다. 2013년 기간제법과 파견법은 차별적 처우에 대한 하위 항목을 세분화했고, 이어서 2014년 파견법은 동일한 사용자의 사업 또는 사업장에서 한 명의 파견 근로자가 차별 인정을 받았을 때 동일 조건에 있는 모든 근로자의 차별적 처우가 개선될 수 있도록 개정되었다.

한 정책들이 확대되었다(이승윤·안주영·김유휘 2016).

그러나 비정규직 노동자에 대한 보호 조치와 함께, 노동시장 유연화 조치 또한 적극 시도되었다. 이명박 대통령이 취임한 뒤 2008년 3월 '노동분야 국정과제 세부실천계획'에서 규제 개혁 과제가 제시되었다. 이 계획안에는 비정규직과 관련해 특수 형태 근로 종사자 사회보험 적용, 비정규직 고용 개선을 위한 기업 지원 계획과 함께, 근로시간 및 해고 절차 관련법에 대한 유연화 조치와 노동 규제 개혁이 포함되었다.

이명박 정부에 이어 박근혜 정부의 노동 개혁에서도 노동시장 유연화 정책을 찾아볼 수 있다. 2015년 9월 15일 노사정위원회의 합의 내용[6] 중 'II 노동시장 이중 구조 개선'[7]의 '2. 비정규 고용 및 차별시정 제도 개선' 내용을 살펴보면, 건전한 고용 질서 확립, 공공 부문의 선도 역할 강화, 차별 시정 제도의 실효성 제고, 비정규직 보호 강화 및 규제 합리화, 기간제 및 파견 근로자의 고용 안정 및 규제 합리화가 포함되었다. 이 가운데 기간제 및 파견 근로자의 고용 안정 및 규제 합리화와 관련해서는 노사정이 관련 당사자를 참여시켜 공동 실태 조사, 전문가 의견 수렴 등을 집중적으로 진행해 대안을 마련하기로 했다. 그리고 이와 관련한 추가 논의 과제로 기간제의 사용 기간

---

6 노사정위원회의 합의를 통해 추진하기로 한 과제는 다음과 같다. I. 노사정 협력을 통한 청년 고용 활성화, II. 노동시장 이중 구조 개선, III. 사회적 안전망 확충, IV. 3대 현안의 해결을 통한 불확실성 제거, V. 노사정 파트너십 구축, VI. 합의 사항 이행 및 확산.

7 'II. 노동시장 이중 구조 개선'을 위한 과제는 다음과 같다. 1. 원하청, 대중소기업 상생 협력 등 동반 성장, 2. 비정규 고용 및 차별시정 제도 개선, 3. 노동시장 활성화.

및 갱신 횟수, 파견 근로 대상 업무, 생명·안전 분야 핵심 업무에 대한 비정규직 사용 제한, 노동조합의 차별 신청 대리권, 파견과 도급 구분 기준의 명확화 방안, 근로소득 상위 10퍼센트 근로자에 대한 파견 규제 미적용, 퇴직급여 적용 문제 등이 제시되었다(경제사회발전노사정위원회 2015). 기간제 근로자의 계약 갱신 횟수 제한이 오히려 초단기 기간제 노동자를 양산할 수 있고, 파견 대상 업종이 무분별하게 확대될 수 있기 때문이다.

그럼에도 합의문이 발표된 다음 날 당시 집권 여당이었던 새누리당은 5대 노동법안을 발의했다. 특히 이인제 의원이 대표 발의한 새누리당의 '기간제 및 단시간근로자 보호 등에 관한 법률 일부 개정안'은 35세 이상 근로자의 신청을 조건으로 기간제 근로를 2년 연장할 수 있도록 했다. 그리고 한도를 채워 기간제 근로자를 사용한 경우 무기계약 근로자로 전환하는 것이 원칙이지만 예외적으로 이직수당을 지급하고 근로계약을 종료할 수 있게 했다. 또한 이인제 의원이 대표 발의한 '파견근로자 보호 등에 관한 법률 일부 개정안'은 파견이 허용된 32개 업무 이외에 55세 이상 고령자와 고소득 전문직, 뿌리산업[8]에서 금지 업무를 제외한 모든 업무로 파견 대상을 확대하도록 제안되었다. 물론 이 두 법안은 현재 19대 국회의 임기 만료로 폐

---

8 〈뿌리산업 진흥과 첨단화에 관한 법률〉(뿌리산업법) 제2조는 다음과 같이 정의하고 있다. 1. "뿌리기술"이란 주조鑄造, 금형金型, 소성가공塑性加工, 용접鎔接, 표면처리表面處理, 열처리熱處理 등 제조업의 전반에 걸쳐 활용되는 공정기술로서 대통령령으로 정하는 기술을 말한다. 2. "뿌리산업"이란 뿌리기술을 활용하여 사업을 영위하는 업종이거나 뿌리기술에 활용되는 장비 제조업종으로서 대통령령으로 정하는 업종을 말한다.

기되었지만 노동시장 유연성을 강화하기 위한 정책적 시도는 지속될 것으로 예상된다.

노사정 합의에 이어 정부는 2016년 1월 22일 노동시장 '공정 인사' 및 '취업규칙' 지침을 발표했다. '공정 인사' 지침에는 일반해고 요건으로 저성과가 추가로 규정되었으며, 변경된 취업규칙에서는 취업규칙 내용 변경 시 노조가 동의하지 않는 경우에도 '사회 통념상 합리성'에 따라 취업규칙을 변경할 수 있게 함으로써, 취업규칙의 변경이 가능한 범위를 확대했다. 이와 같이 공정 인사와 취업규칙 지침에서도 노동자의 근로소득과 근무 조건에 불리할 수 있는 조건을 확대하고 유연성을 강화하는 정책이 시도되었다(이승윤·안주영·김유휘 2016).

요약하자면, 한국에서는 1990년대 후반부터 노동시장 유연화 정책이 확산되었으나, 2000년대 중반 이후 비정규직 보호 정책이 등장해 이중 노동시장에서 외부자에 해당하는 비정규직 노동자들을 제도적 보호의 영역으로 포함시키려는 시도들이 있었다. 하지만 2007년 기간제법의 경우 '비정규직 보호'라는 법령 취지가 무색할 만큼, 사용자는 근로 기간 2년이 지난 계약직 노동자의 계약을 해지하거나, 반복적 기간제를 사용하거나, 업무를 외주화하는 방식을 활용하기 일쑤였다(남우근 2007). 정규직으로 전환되더라도 무기 계약직이나 하위 직급 정규직화 같은 방식이 널리 활용되었다. 결국 기간제법은 실질적으로 비정규직을 보호하는 기능을 하지 못했다. 사용자들은 비정규직 노동자의 권리를 강화하는 이 법령에 대응해 별도 직군을 만들거나 외주화하는 방법 등의 노동 관행을 활용해 여전히 노동비용을 줄이고자 했다(이승윤·안주영·김유휘 2016). 더욱이 당시 새누리당에서 입안한 기간제법과 파견법의 개정안 내용 및 정부의 공정 인사와 취업규칙에 관한 지침들은 비정규직을 보호하기보다는 노동시장의 유연성을 강화하는 방향을 지향했다.

5. 소결

비정규 및 비전형 노동자의 비율이 높으면, 노동자의 이직률이 높아 기업 특수적 숙련과 훈련이 낭비되기 때문에 경제성장에 부정적이다. 그뿐만 아니라 비정규 노동자들은 불안정한 고용, 임금 차별, 제한된 사회적 보호 등 정규직 노동자들과 차별되는 대우를 받기 때문에 전체적으로 평등도 저해된다. 실제로 비정규 노동자와 정규 노동자 간 임금격차는 매우 크고 소득 불평등은 계속 증가하고 있으며 (OECD 2007), 비정규 노동자들은 사회적 보호에서도 쉽게 배제된다.

대기업과 중소기업이라는 이중화된 노동시장이 존재하는 한국에서는 이중 구조가 정규직 노동자와 비정규 노동자 사이의 구조적 차이로 이어진다. 이런 이중화는 노동시장에서 성 분절화까지 유발하고 있다. 산업화 시기에 생산 제도, 숙련 형성 제도, 노사관계, 복지 제도가 상보적으로 대기업 중심의 제도적 배열을 형성했는데 이 제도들은 기업 규모에 따라 다른 고용 관행을 만들어 냈으며 노동시장 구조가 변화되는 과정에 적절하게 대응하지 못했다. 결과적으로 대기업과 중소기업의 이중화는 탈산업화 시기에 더욱 강화되었다.

이 장에서는 한국에 불안정 노동시장이 형성된 배경에 대해, 산업화 시기에 형성된 이래 현재까지 큰 변함없이 지속되고 있는 제도들을 중심으로 살펴보았다. 이를 통해 제도적 유산이 서비스업 중심의 경제사회에서 불안정한 노동시장을 만들어 내는 요인이었다는 사실을 알 수 있었다. 물론 산업화 시기에 형성된 제도들이 현재까지 아무런 변화도 겪지 않은 것은 아니다. 제도는 경로 의존성 및 쉽게 변하지 않는 경직성이 있지만, 점진적으로 변화하기도 한다.

이 장에서는 역사적 제도주의 접근을 통해 산업화 시기의 제도 형성과 1990년대 이후 한국에서 일어난 산업구조의 변화 및 제도의 지속, 그 결과로서 노동시장에서 비정규 노동자가 증가하고 여성이 비정규 고용으로 집중된 현상에 대해 설명했다. 다음 장에서는 불안정 노동을 구체적으로 개념화하고 이를 바탕으로 한국노동패널 데이터를 통해 한국의 불안정 노동시장을 경험적으로 분석할 것이다. 특히 불안정 노동시장 속에서 취약한 집단으로 분류되는 청년·여성·노인 집단의 불안정성은 얼마나 심각한지를 살펴볼 것이다.

3장
불안정 노동의 개념

1. 불안정 노동의 대두

　1970년대 이후 자본주의 경제체제는 세계화 및 정보 기술의 발달과 더불어 세 가지 혁명적 변화를 경험해 왔다. 첫째, 대부분의 선진 국가들이 서비스 경제 사회로 진입했다. 서비스 경제 사회란 산업구조가 제조업 중심에서 서비스업 중심으로 전환되는 사회를 의미한다. 둘째, 여성들의 노동시장 참여가 확대되었다. 여성 교육 수준의 향상, 서비스업에서 여성들의 노동 수요 증가는 여성들의 노동시장 참여 증가로 이어졌다(ILO 2011; Vosko 2009; Vosko, MacDonald & Campbell 2009). 셋째, 작업장 환경의 질적인 변화가 있었다. 비전형적이고 유연한 형태의 고용계약이 확대되었고, 전통적 산업사회를 지탱해 왔던 표준적 고용 관계가 해체되어 왔다(백승호 2014; 이주희 2011; Kalleberg 2000, 2009; Bosch 2004; Castel 2003). 지난 수십 년 동안 진행된 이 같은 경제·사회구조의 변화는 삶의 불안정성을 일상화해 왔고, 학계에서도 불안정 고용 개념이 유행처럼 사용되어 왔다. 그러나 지금까지 불안정 노동에 대한 합의된 정의는 찾을 수 없다. 국가, 지역, 정치 시스템 등 사회경제적 맥락이 다르고, 그런 맥락에 따라 노동시장 상황도 다양한 형태로 존재하기 때문이다(백승호 2014; ILO 2011).

불안정 노동 개념[1]은 초기에 주로 유럽의 좌파 운동가들에 의해 사용되었다. 그들은 노조에 속해 있지 않은 노동자 집단을 동원하기 위해 불안정 고용 개념을 광범위하게 사용했다. 그 뒤 불안정 노동 개념은 유럽 전역으로 확대되어 규범성이 강한 용어로 사용되어 왔다(Bourdieu 1998, 95-100; 프랑스·이탈리아·스페인 사례는 Laparra et al. 2004, 6), 캐나다·호주(Vosko 2009)에서는 불안정 고용 개념이 사용되어 왔으나, 독일·영국·미국·아일랜드·네덜란드·스웨덴에서는 이와 관련된 논쟁이 흔하지 않았다(Vosko 2009).

사회과학에서는 1970년대 후반 이후 프랑스에서 사회적 배제 논의와 연결되어 사용되어 왔는데(Barbier 2004, 2005), 최근에는 주로 고용 계약 형태, 종사상 지위와 관련되어 사용되면서, 표준적이지 않은 계약, 상용직이 아닌 계약, 무기 계약이 아닌 고용 형태로 정의되어 왔다. 영미권에서는 1980년대 후반 게리 로저스와 재닌 로저스(Rodgers & Rodgers, 1989) 등이 이 개념을 사용하기 시작했으며, 주로 고용과 관련되어 보호받지 못하는 노동력insecure workforce, 임시직contingent work 등의 용어가 선호되어 왔다(Heery & Salmon 2000).

불안정 노동 개념을 다룬 연구들을 두 가지 부류로 구분할 수 있

---

1 이 책에서는 '불안정 노동'precarious work과 '불안정 고용'precarious employment을 구분해 사용한다. 불안정 노동은 고용조건뿐만 아니라 소득이나 사회적 임금에서의 배제를 포함하는 전반적인 노동조건의 불안정성을 언급할 때 사용하는 개념으로 일자리의 질과 유사한 개념이고, 불안정 고용은 고용 형태, 근로 제공 방식, 근로시간 등 임금노동자와 비임금노동자의 고용조건과 관련된 불안정성을 언급할 때 사용하는 개념으로 불안정 노동의 하위 범주에 포함된다.

다(Burgers & Campbell 1998, 6-8). 이들은 직업 특성job characteristics과 관련해 사용된다는 점에서는 공통점이 있지만, 그 특성의 범위 규정이 다르다.

첫째는 '누가 불안정 노동자인가?'에 대한 답을 찾고자 하는 연구들이다. 이런 접근은 '불안정 노동이란 무엇인가?'라는 질문에 주목하기보다는 불안정 노동에 속한 사회경제적 집단이 누구인지를 규명하는 데 관심을 갖는다(이병훈·윤정향 2001; 김유선 2014; 서정희 2015; Wayne & Green 1993; Kalleberg 2009, 2; Kalleberg 2000; Standing 2011; Kroon & Paauwe 2013 등). 이 연구들은 비정규적 고용 형태, 종사상 지위가 불안정한 사회경제적 집단이나 계급을 불안정 노동자로 규정한다. 이 연구들에서는 고용 형태로는 비정규 노동non-standard employment, 종사상 지위로는 취약한 고용vulnerable work이거나, 일용직disposable work이거나, 임시직이어서 고용 안정성이 부재한 임금노동자를 불안정 노동자로 정의하는 경향이 있다. 가이 스탠딩(Standing 2009)의 경우에는 프레카리아트precariat라는 개념을 사용해 불안정 노동을 사회경제적 집단의 관점에서 접근한다.

둘째는 불안정성 개념 자체를 정의하는 데 관심을 가지며, 불안정 노동의 속성에 주목하는 연구들이다. 이 연구들은 다양한 형태의 노동 안정성이 결핍된 상태(백승호 2014, Baek & Lee 2014; 서정희 2015; Vosko, MacDonald & Campbell 2009; ILO 2011; Standing 2011), 또는 산업적 시민권industrial citizenship을 위한 노동 관련 보장이 결여된 상태로 불안정 노동을 정의한다(Standing 2011). 이들은 고용 형태뿐만 아니라 임금, 고용 및 사회적 보호, 노동권에 대한 접근, 직무 특성, 일자리의 질quality of work 등에 주목해 포괄적으로 불안정 노동의 속성을 규정하고 있다. 그러나 불안정 노동의 속성 범위에 대해서는 합의된 의견이 제시되어 있지 않다.

이상과 같은 기존 연구들은 표준적 고용 관계 해체와 노동시장 유연화 확산이라는 자본주의 생산 시스템의 변화와 함께 확대되고 있는 불안정 노동에 대한 관심을 환기한다는 점에서 의미가 있다. 그러나 한계도 명확하다.

첫째, 불안정 노동을 특정한 사회경제적 집단의 관점에서 접근하는 연구들의 한계이다. 이 연구들은 불안정성의 속성에 주목해 불안정성 개념을 명확하게 정의하기보다는 노동시장에서의 불안정한 집단들과 그들의 인구 사회학적 특성 및 직무 특성에 기초해 불안정 노동자를 규명한다. 이런 접근들에 따르면, 특정 사회경제적 집단에 속한 사람들은 불안정 노동자이거나 그렇지 않거나 둘 중 하나에 포함된다.

그러나 불안정 노동자를 대자적 계급class-for-itself이라기보다는 산업구조의 변화에 따라 형성되고 있는 계급class-in-the-making이라고 본다면(Standing 2011), 이런 접근은 불안정 노동자를 명확하게 구분하는 데 한계에 직면하게 된다. 예를 들면, 안정적 직무 특성을 지녔다고 판단되는 정규직에 속해 있지만, 저임금이거나 사회보험에서 배제되어 있는 사람들의 불안정성을 간과할 수 있다. 따라서 불안정 노동은 사회경제적 집단의 관점이 아니라, 불안정성 개념 자체에 주목해 불안정성의 속성을 규명하는 접근이 필요하다.

둘째, 불안정성의 속성에 주목하는 연구들에서도 한계는 존재한다. 대부분의 기존 연구들은 단일 차원 또는 단일 차원적 속성을 병렬적으로 나열해 불안정성을 정의한다. 고용상 불안정성, 소득의 불안정성, 사회적·법적 보호의 배제 등 각 차원들에서 불안정성을 병렬적으로 나열해 불안정성을 정의하는 방식이다. 그러나 이런 접근은 불안정 노동의 복합성을 규명하기 어렵다. 불안정성은 이 속성들을 단일 차원에서 병렬적으로 나열하는 것만으로는 충분히 정의될 수 없는 복합적 속성이 있기 때문이다. 그뿐만 아니라 불안정 노동은 여러 가지 불안정성 차원들이 복합적으로 결합되는 방식에 따라서 심도가 다른데, 개별 속성들을 병렬적으로 나열하는 방식은 그 심도를 확인하기 어렵다.

셋째, 기존 연구들은 대부분 '임금'노동자들이 경험하는 불안정성에 주목하고 있다. 임노동 계약 관계를 맺고 있는 노동자들의 노동권 관점에 국한해 불안정성을 바라보고 있는 것이다(Kalleberg 2009; Vosko 2011; ILO 2011 등). 그러나 임금노동 계약 관계의 틀로는 파악하기 어려운 고용 형태들이 확산되고 있다. 예를 들면 가짜 자영업, 삼각 고용 관계처럼 형식적으로는 고용주와 임노동 계약을 맺는 고용 형태가 아니지만 실질적으로는 임노동 계약 관계이거나, 고용주가 모호한 경우 등의 고용 형태들이 여기에 속한다. 또한 비경제활동인구 중에서도 일할 능력은 있지만 일하기를 포기하는 장기 실업자, 프리터, 니트 등 노동권의 영역에서 포괄될 수 없는 다양한 정체성을 가진 인구 집단이 확대되고 있다. 그럼에도 기존 연구들은 임금노동 계약 관계 속에서만 불안정성을 논의하고 있기에 이들의 불안정성을 파악하는 데 한계가 있다.

불안정성은 다차원적이며, 성, 연령, 계급, 특정 인구 집단 및 직업집단 등과 복합적인 상호 작용 속에서 다양한 형태로 존재한다. 불안정성에 대한 명확한 개념 정의가 부재한 상황에서는 이런 복합성을 제대로 반영하기가 어렵다. 불안정성에 대한 명확한 개념 정의가 필요한 이유는 여기에 있다. 따라서 이 장에서는 먼저 불안정 노동에 관한 기존 연구들을 비판적으로 정리한 뒤, 불안정성의 속성들을 재구성해 불안정 노동을 재개념화하고자 한다. 마지막으로 불안정 노동을 측정할 수 있는 대안적 방법들을 제안하고자 한다.

2. 불안정 노동에 대한 기존 연구들

앞서 살펴보았듯이, 불안정성에 대한 논의는 고용 형태 및 종사상 지위라는 고용계약 형태에 주목해 사회경제적 집단으로서 불안정 노동자가 누구인지를 확인하고자 하는 단일 차원적 접근과 불안정 노동의 속성에 주목해 불안정 노동 그 자체를 개념적으로 규정하고자 하는 다차원적 접근으로 구분할 수 있다. 여기에서는 각각의 논의들을 살펴봄으로써 불안정 노동의 속성 및 측정 방법과 관련된 함의를 찾고자 한다.

1) 사회경제적 집단으로서의 불안정 노동

특정 사회경제적 집단을 불안정 노동자로 규정하는 연구는 크게 세 가지로 구분할 수 있다. 하나는 고용 중심적 접근으로서 비정규적 고용계약 형태를 불안정 노동자로 규정하려는 접근, 두 번째로 프레카리아트라는 새로운 계급을 통해 불안정 노동자를 규정하려는 접근이다. 마지막으로 생애 주기적 접근으로서 노동시장 취약 계층인 청년·여성·노인을 불안정 노동자로 규정하는 접근이다.

(1) 고용계약 형태 중심적 접근 : 비정규직

이 연구들은 주로 고용계약 형태를 기준으로 비정규직을 구분하지만, 연구자에 따라 다양한 분류 방식이 제안되고 있다. 한국에서 비정규직 분류 방식에 대한 개념 논쟁은 1997년 경제 위기 이후 급격하게 증가했던 비정규직의 규모를 파악하려는 시도들에서 비롯되었다(정이환 2013). 비정규직을 어떻게 분류할지에 대해서는 연구자마다 서로 다른 다양한 접근 방식이 선호되었다(<표 3-1> 참조). 이런 논쟁 속에서 노사정위원회(2002)의 비정규직 특위에서 비정규직 분류 기준을 공식적으로 합의했다(이병훈 2002). 노사정위원회(2002)는 비정규직을 고용 형태 기준인 한시적 근로자, 또는 기간제 근로자, 시간제 근로자 및 비전형 근로자로 규정했다(이병훈 2002). 이런 정의는 특수 형태 근로, 용역 근로 등을 포함하고, 기간제 근로자의 범위도 다소 넓게 정의하고 있다(계약 기간을 정하지 않았으나 고용의 지속성을 기대할 수 없는 자 포함).

그럼에도 기존의 비정규직 정의에서 고용 형태와 종사상 지위가 혼용되어 혼란스러웠기 때문에 노사정위원회는 정규직과 비정규직이라는 이분법 대신 삼분법을 제안하기도 했다. 근로 지속이 가능한 무기 계약 노동자이기 때문에 정규직으로 분류되지만, 종사상 지위가 임시·일용 노동자로 분류되면서 고용이 불안정하고 사회적 보호가 필요한 근로 계층을 정규 노동자도 비정규 노동자도 아닌 '취약 노동자'로 보자는 것이다. 즉 노사정위원회는 두 범주가 아니라 정규/비정규/취약 노동자 세 범주를 제안했다(이병훈 2002; 정이환 2013, 101-102).

또한 정이환(2003)은 본래 정규/비정규 노동 구분이 고용 형태뿐만 아니라 근로조건을 기준으로 할 수도 있으므로 비정규 노동자에 임

표 3-1 ㅣ 비정규직 정의와 관련된 초기 논쟁

	비정규직의 정의
심상완(1999)	비정규 노동자(권리나 보호로부터의 배제에 초점), 비전형 노동자(고용 관계에서의 차이 강조), 비정형 노동자(고용 형태의 고정성이 약하거나 없을 경우)를 구분해 사용.
김유선(2001)	비정규직이란 임시, 일용직. 경제활동인구조사의 상용, 임시, 일용이라는 종사상 지위 분류는 1960년대부터 사용되었고, 임시 일용직이 비정규직을 지칭하는 대명사로 사용되어 왔음.
최경수(2001)	비정형 노동이란 한시적, 비전형 및 시간제 근로자 : 통계청이 임시, 일용 근로자를 분류할 때, 고용계약 기간뿐만 아니라 수당, 퇴직금 수혜 여부를 기준으로 분류함. 따라서 이는 고용 형태가 아니다.
류기철(2001)	비전형atypical(통상적 고용 형태와 다른 근로 제공 방식), 비정규irregular(일반 근로자 중 정규가 아닌 경우).
이병훈·윤정향(2001)	자본의 시장 의존적market-dependent 노동 수취 전략에 따라 기업의 내부노동시장 또는 관료직 포섭-관리 체계로부터 배제 또는 외부화되어 있는 노동자 집단으로 정의.
노사정위원회(2002)	비정규직은 고용 형태를 기준으로 한시적 근로자 또는 기간제 근로자, 시간제 근로자 및 비전형 근로자로 정의.

시·일용 근로자까지 모두를 포함하되, 용어의 혼선을 막기 위해 정형/비정형 근로자라는 구분을 사용하자고 제안하기도 했다. 현재 정부와 학계는 노사정 합의 기준으로 비정규직 규모를 파악하는 반면, 노동계는 취약 노동자도 비정규직의 범위에 포함해 파악하고 있다.

김수현(2010, 9)은 노동시장 이중 구조론에서의 외부 노동, 2차 노동, 주변 노동을 비정규직으로 정의하면서, 저임금, 고용 불안정, 승진 및 복지, 교육 훈련에서 정규직과 차별받는 노동자를 비정규직으로 규정하고 있다. 하지만 이 개념은 고용 형태로서의 비정규직이라기보다는 다차원적 개념으로서의 불안정 고용 개념에 가깝다. 비정규직 개념 논쟁을 종합해 보면, 비정규직은 고용의 지속성, 근로시간, 근로 제공 방식, 근로조건을 기준으로 구분되고 있다(<부록 3-1> 참조).

서구에서 '불안정 노동', 혹은 '노동의 불안정성'은 제2차 세계대

전 이후의 정규 노동 및 고용 형태로부터의 변화를 설명할 중요한 개념으로 주목받아 왔다. 많은 경우 '불안정 노동'은 이 '정규 노동의 관계 및 형태, 기준에서 벗어난 노동의 형태'로 정의되었다. 이 '정규 노동의 관계 및 형태'는 '고용 보장', '상근', '급여와 권한에 대한 법적 보장', '지속적인 고용에 대한 기대' 등을 지칭하고, 그 기준은 '노동자의 권리와 고용에 대한, 그리고 경제적 삶에서 오는 위험으로부터의 보호'를 말한다. 이런 형태와 기준에서 벗어난 '불안정 노동'은 '안 좋은bad 노동' 혹은 '질이 낮은 노동'의 개념으로 이해되었다. 구체적으로는 '임시직', '비정규직', '취약한 노동', '유연한 고용' 등으로 정의된다. 또한 '고정 혹은 제한된 기간 및 일을 위한 고용', '임시적인 고용 기관agency 혹은 노동 중개인을 통한 고용', '아웃소싱' 등을 포함한다.

이렇게 불안정성을 고용 형태 측면에서 접근할 경우 산업구조의 변화와 그로 말미암은 불안정성을 단순·명료하고 즉각적으로 이해할 수 있게 한다는 장점이 있다. 그리고 비정규직이라는 불안정한 외부자와 그렇지 않은 내부자의 선명한 구분이 가능해지며, 불안정한 집단을 분명하게 드러냄으로써 평균적인 수준에서 이들의 규모, 특성 등을 파악하기가 용이하다. 마지막으로 정책 대상 집단이 명확하게 드러남으로써 불안정성을 해소하기 위한 정책적 수단을 개발하는 데 용이하다.

그러나 불안정 노동 개념을 고용 형태 측면에서만 접근할 경우에는 노동 불안정성의 복잡성과 모호성을 충분히 반영하기 어렵다. 그 이유는 불안정한 상태the state of precarity가 정치경제적·사회적 맥락과 국가의 노동시장 전략에 따라 다양한 고용 형태로 존재할 수 있기 때문이다(ILO 2011, 5). 일례로 '비정규직'이라 불리는 고용 형태도 소득, 고용 관계와 법적 보호 및 사회적 보호의 측면에서는 안정적일 수 있다. 따라서 비정규직을 '불안정 노동'이라고 단순하게 분류하기가 어렵다(Kalleberg 2014). 비정규직이 경험하는 불안정성의 다양한 측면을 고려하지 못하기 때문이다.

물론 노동의 불안정성은 비정규직과 같은 특정 고용계약 형태에서 더 발견되기 쉽다. 그러나 이는 어디까지나 평균적인 수준에서 그렇다. 이런 접근으로는 개개인의 불안정성을 한층 더 정교하게 드러내기 어렵다. 따라서 고용 형태가 아니라 불안정한 상태의 속성에 주목할 필요가 있다.

(2) 새로운 불안정 노동 집단 : 프레카리아트

프레카리아트란 '불안정한'precarious과 '프롤레타리아트'proletariat의 합성어로서 일반적으로 불안정한 노동 집단을 뜻하는 의미로 사용되고 있다(강남훈 2013; 곽노완 2013; 이광일 2013; Standing 2009, 2011). 프레카리아트는 일시적 노동자, 계절노동자를 묘사하기 위해 1980년대 프랑스의 사회학자들이 처음 사용한 개념이다(Standing 2009). 이탈리아에서는 임시 노동casual labour에 종사하는 소득이 낮은 사람을 지칭하는 용어로 사용되고, 독일에서는 일시적 노동자에 무직자를 포함하는 개념으로 사용된다. 그리고 일본에서는 근로 빈민, 임시 노동, 프리터 등과 동의어로 사용되고 있다(Ueno 2007; Obinger 2009; Standing 2011). 프레카리아트는 그 자체가 계급으로 규정되기도 하지만(이진경 2012; 강남훈 2013; 곽노완 2013), 하나의 계급적 특성을 가진다기보다는 계급화되어 가고 있는 집단으로 규정하는 것이 더 타당하다(Standing 2011). 이처럼 프레카리아트는 계급화되어 가는 과정에 있기 때문에 이들을 명확하게 범주화하기는 어렵다.

그럼에도 기존 연구들은 프레카리아트를 크게 세 가지 방식으로 범주화하고 있다. 하나는 고용 형태의 불안정성에 주목해, 불안정한 삶을 사는 임금노동자계급을 프레카리아트로 규정하는 연구들이다(이 병훈·윤정향 2001; 정이환 2003; 성재민·이시균 2007; 장신철 2012 등). 이 연구들에서는 비정규 직 노동자를 전형적인 프레카리아트로 규정하고 있지만 계급으로서 의 비정규직보다는 고용 형태로서의 비정규직에 주목하고 있다.

두 번째로 계급적 특성에 주목해, 프레카리아트를 노동자계급에 속하지 않지만 노동 가능하고 이질적인 다른 종류의 무산차들로 이 루어진 계급으로 규정하는 연구들이다(이진경 2012; Standing 2011). 이진경 (2012, 192)은 비정규직, 실업자, 니트, 히키코모리, 노숙인 등 노동 가 능하지만 노동하지 않거나 못하고 있는 모든 사람들을 지칭하는 개 념으로 프레카리아트를 정의하고 있다. 특히 비정규직은 무산자화되 어 가고 있는 노동자, 무산자로 축출된 노동자로서 실업자와 본질적 으로 더 가깝고, 노동자계급에 속하지 않는 비노동자로 규정하고, 이 들을 전형적인 프레카리아트로 범주화하고 있다.[2]

마지막으로 프레카리아트의 범주를 가장 포괄적으로 규정하는 연 구들이다(강남훈 2013; 곽노완 2013; 이광일 2013). 이들은 비정규 노동자를 포함해

---

2 이진경(2012, 190)은 비정규직을 정규 노동자와 실업자 사이에 존재하지만 실업자에 더 가까운 존재, 비노동의 상태로 살면서 일시적으로 노동하게 되는 존재, 일시적으로만 노동자계급에 속하는 비노동 자계급, 현대사회의 불안정성을 전형적으로 담지하고 있는 존재로 규정하고 있다.

영세 자영업자, 실업자 및 구직 단념자, 장애인, 청년, 이주자, 영세 노령층, 그 밖의 소수자 등 불안정성에 노출되어 있는 인구 집단을 프레카리아트로 범주화한다. 스탠딩(Standing 2009)은 프레카리아트를 형성되고 있는 계급으로 간주하고 있으며, 기간제, 시간제, 파견, 용역, 특수 고용, 종속적 하청 업자, 콜센터 직원, 인턴 등을 프레카리아트에 속한 주요 집단으로 규정하고 있다. 또한 여성·청년·노인과 이주자를 프레카리아트화될 가능성이 큰 집단으로 규정하고 있다.

이상과 같이 프레카리아트를 고용 형태나, 계급적 특성, 인구학적 범주에 기초해 분류하려는 노력들이 있어 왔지만 프레카리아트를 명확하게 확정짓기는 어렵다. 앞서 지적했듯이 비정규직 고용 형태와 불안정성의 상관관계가 높지만 비정규직만을 프레카리아트로 국한해서는 프레카리아트의 다양한 범주들을 드러내는 데 한계가 있다. 이런 접근은 특정 시점에서의 고용 불안정성을 일반화해 비정규직을 프레카리아트로 범주화하는데, 이는 비정규직 이외에 불안정성에 노출되어 있는 중요한 집단들을 제대로 포착해 내지 못하게 할 뿐만 아니라, 비정규직을 모두 동질적인 집단으로 간주하는 오류를 범하게 하는 경향이 있다(Häusermann & Schwander 2009, 8-9).

고용 불안정성의 관점에서 볼 때, 비정규직이 불안정 노동 집단의 다수를 구성하고 있다 하더라도, 이 둘은 반드시 일치하지 않을 수도 있다(성재민·이시균 2007, 98). 임금 불안정성의 관점에서 보면, 정규직 숙련 노동자의 임금과 비정규직 중간계급의 임금에 큰 차이가 없을 수도 있고(신광영 2008, 247), 대기업에 고용된 비정규직과 하청 기업의 정규직 중 전자가 더 불안정하다고 보기도 어렵다(이승윤·안주영·김유휘 2016). 고용의 안정성이 보장되어 비정규직에서 벗어났지만, 직무 안정성이 보장되지 않아서 갑작스러운 직무 이동이 빈번하게 발생한다면 삶이 안정적일 수 없는 경우도 존재한다(Standing 2011, 11). 따라서 노동시장에서의 고용 형태를 통해 누가 프레카리아트에 속하는지를 규정하는 것은 한계가 많다.

그리고 비정규직을 프레카리아트로 규정하게 되면 비정규직을 벗어날 경우 불안정성은 소멸된다고 가정하는 것인데, 노동 불안정성이 일상화되어 있는 서비스 경제 사회에서는 그렇게 볼 근거도 충분하지 않다(이진경 2012, 197). 예를 들면, 비정규직에서 무기 계약직으로 전환된 경우, 비정규직은 아니지만 불안정하지 않다고 볼 수도 없다. 이들은 유사 업무에 종사하는 다른 정규직과 임금이나 승진 등에서 처우가 차별적이더라도 기간을 정하지 않고 계약을 했기 때문에 기간제법상 차별 시정 대상에서 배제될 수 있다. 결국 이들은 비정규직 지위를 벗어났지만 여전히 불안정한 노동 상태에 있는 경우가 많다(김훈 외 2013, 153). 현대사회의 불안정성은 고용 형태와 무관하게 어디에나 존재할 수 있다(Candeias 2008, 125, 곽노완 2013에서 재인용; Standing 2011).

또한 비정규직이 잠재적으로 불안정 노동 집단이기는 하지만, 사회경제적 맥락에 따라 불안정성은 달라질 수 있다는 것도 고려할 필요가 있다(Häusermann & Schwander 2009, 7). 프레카리아트 개념은 '불안정한 삶을 살고 있는 사람들'이라는 정의에서도 드러나듯이 주관적 성격이 강하다(이광일 2013, 125). 그리고 최상위 계급을 제외한 나머지는 항상 프레카리아트화될 가능성에 노출되어 있기 때문에(이광일 2013; Häusermann & Schwander 2012), 노동시장 지위가 상이하더라도 불안정한 노동과 삶에 처해 있는지의 여부를 확인하는 것이 더 중요하다. 관리직의 일부도 프레카리아트로 이동할 수 있다(Standing 2011, 16-17).

이런 측면에서 보면, 프레카리아트는 '지위 개념' 대신 '조건 개념'으로 파악하는 것이 타당하다(La Vaque-Manty 2009, 107-108). 따라서 프레카리아트를 명확히 범주화하기보다는, 프레카리아트화 과정에 주목하고 사회경제적 조건과 맥락에 따라서 누가 삶이 불안정해지는 조건들에 직면할 가능성이 높은지를 확인할 필요가 있다(Standing 2011, 16-18).

그뿐만 아니라, 기존의 불안정 노동에 대한 논의들이 주로 비정규직 중심의 임금노동자를 대상으로 하고 있는데, 여기서 간과하고 있는 것이 미취업자 집단에 속하는 실업자들과 비경제활동인구들이다. 물론 실업자를 프레카리아트화되어 가는 계층으로 규정할지에 대해서는 논란의 여지가 있다. 그 이유는 실업 이전의 계급적 지위나 실업 이후 경제활동 참여 시에 겪을 계급 궤적도 다르기 때문이다(신광영 2004, 234). 하지만 실업자, 특히 장기 실업자들은 실업 이전에 어떤 계급 위치에 있었는지와 무관하게, 노동시장에서의 불안정성에 지속적으로 노출되어 있는 계층이다(신광영 2004; 강남훈 2013; 곽노완 2013). 또한 비경제활동인구에 속하지만 취업이 가능한 잠재 실업자들도 노동시장에서의 불안정성에 지속적으로 노출되어 있는 계층이다. 그리고 이들이 경험하게 될 경제활동의 궤적도 비슷하고, 향후 노동시장에 유입될 가능성이 있는 잠재 인력이라는 점에서(권우현·강병구·강민정 2009; 황수경 2009) 장기 실업자와 잠재 실업자 및 취업 준비 중이거나 잠시 쉬고 있는 인구를 프레카리아트화되어 가는 불안정 노동 집단 분석에 포함할 필요가 있다.

앞서 지적했듯이 이상의 두 접근은 누가 불안정 노동자인가에 주로 관심을 보이고 있고 불안정 노동자를 명료하게 규명할 수 있다는 장점이 있다. 그러나 불안정 노동의 속성을 충분히 반영하지 못하고, 비정규직이나 프레카리아트가 아니지만 불안정할 수 있는 집단이 생길 가능성을 간과하는 한계가 있다. 특히 비정규직을 불안정 노동자로 등치하는 접근이 그렇다. 프레카리아트 논의의 경우, 비정규직 노동자를 프레카리아트의 주류로 보고 있을 뿐만 아니라, 비경제활동인구 중에서 누구를 불안정 노동에 포함할지와 관련해 유의미한 함의를 제공한다. 그럼에도 여전히 불안정성 개념 정의 자체에 주목하지 않는다는 한계가 있다.

따라서 불안정성의 속성 자체에 주목할 필요가 있다. 이와 관련된 대표적인 접근이 국제노동기구의 개념 정의이다(ILO 2011). 국제노동기구는 불안정 노동을 불확실성uncertainty, 불안전성insecurity을 키워드로 정의하고 있다. 이때 불확실성은 고용계약 형태contractual arrangements의 불안정성이다. 여기에는 제한된 계약 기간(단기·기간제·임시직 등), 불안정한 고용계약 관계(삼각 계약관계 등)가 포함된다. 그리고 불안정성은 불안정한 노동조건들과 관련된다. 여기에는 저임금, 낮은 수준의 고용 및 사회적 보호, 노동권에 대한 접근의 제한 등이 포함된다(ILO 2011). 다음 절에서는 이에 대해 자세히 다룬다.

(3) 생애 주기와 불안정 노동자 : 청년·여성·노인

청년·여성·노인은 생애 주기에서 불안정 노동에 직면할 가능성이 높은 집단으로 언급되고 있다. 먼저 청년의 불안정 노동에 대한 관심은 최근의 노동시장 변화에서 가장 큰 영향을 받은 집단이 청년층이라는 분석들이 제기되면서(Matsumoto et al. 2012) 확대되어 왔다. 이 연구들은 청년 실업(김유빈 2015; 신선미·민무숙·권소영 2013 등) 및 니트(정준영 2015; 최용환 2015) 그리고 청년들의 고용 불안정(금재호 2013; 박성재·반정호 2012; 남재량·김태기 2000) 등을 분석하거나, 청년 빈곤 문제(강순희 2016; 김수정·김영 2013; 백학영 2013; 이현욱 2013; 노혜진 2012; 변금선 2012; 김수정 2010), 청년 주거 문제(최은영 2014; 최병숙 외 2013; 정민우·이나영 2011) 등을 다루면서 불안정 노동자 지위에 직면한 청년에 주목하고 있다.

그러나 기존 연구들은 청년 노동시장 다변화에 따른 노동시장 불안정성 자체에 대해서는 충분히 분석하지 못했다. 청년 노동시장의 불안정성을 분석하고 있는 연구들이 존재하지만, 고용, 소득, 사회보험 배제 등 단일한 차원에서의 불안정성을 강조할 뿐 이 요소들을 종합적으로 고려한 분석은 드물다. 앞서 설명했듯이, 변화된 노동시장의 환경을 최전선에서 경험하고 있는 것이 청년들이며(Matsumoto et al. 2012), 청년 노동시장의 불안정성은 청년기 이후 삶의 불안정성과 직결된다는 점을 고려한다면 청년 노동시장의 불안정성 자체와 구조에 대한 정밀한 분석은 매우 중요하다.

다음으로 여성들은 저임금 서비스업의 핵심 노동력 공급원이자 일과 가족의 돌봄이라는 이중 부담을 안고 있는 주체로서 불안정 노동에 직면할 가능성이 큰 집단으로 주목받고 있다. 청년들 못지않게, 노동자인 동시에 가족 내 돌봄 제공자의 역할까지 담당하는 여성 또한 탈산업사회에서 불안정 노동을 경험할 가능성이 매우 높다.

탈산업사회는 서비스업의 확대와 여성의 노동시장 참여라는 혁명적 변화를 특징으로 한다(Esping-Andersen 2009). 또한 대부분 여성이 제공하던 가사가 시장으로 나오면서 교육·보건·개인 서비스 등에서의 일자리가 증가했다. 결과적으로 많은 여성들이 대인 서비스직 일자리에 집중되었다. 대인 서비스 직업이 주로 여성 노동자로 채워진다는 것은 노동시장 내 여성들의 불안정성이 그만큼 확대된다는 의미이다. 저숙련·저임금·불안정 고용을 특징으로 하는 서비스직으로의 여성 집중 현상은 불안정 노동의 젠더화를 더욱 공고히 했다. 또한 2장에서 살펴봤듯이, 대기업 중심의 복지 생산 레짐이 비정규 고용을 늘리고 불안정한 비정규 일자리에 주로 여성들이 집중되는 현상을 야기했다. 이렇듯 한국에서는 불안정 노동에 주로 여성이 몰리는 불안정 노동의 젠더화가 나타나고 있다.

이렇게 여성들의 불안정한 삶은 '불안정성의 젠더화'라는 용어로 요약될 만큼 일상화되면서 많은 연구들이 노동시장에서 나타나는 불안정성의 젠더화에 주목해 왔다. 그러나 기존에 불안정성의 젠더화와 불안정 노동시장에 주목한 연구들은 불안정성 개념 자체에는 큰 관심을 두지 않았으며, 노동시장 내 남성과 여성의 격차에 주목했다. 불안정한 일자리의 열악한 노동환경에 주목하는 이 책에서는, 이 장에서 살펴본 불안정 노동에 대한 개념적 재구성에서 출발해 한국 사회에서 노동의 불안정이 젠더화되는 현상을 분석하고자 한다.

마지막으로 청년·여성과 더불어 노동시장에서 열악한 위치에 있는 또 다른 집단은 노인이다. 고령화가 매우 빠르게 진행 중인 한국에서는 노인 인구가 증가하는 만큼 일하는 노인도 증가하고 있는데, 한국 노인의 경제활동 참가율은 일본보다도 높다. 또한 한국의 노인 빈곤율은 매우 심각한 수준으로, 가난한 노인들은 생계유지를 위해 일을 하지만 쉽게 빈곤에서 벗어나지 못한다. 노인들은 노동시장에서 매우 불안정한 상황에 처해 있다. 서비스산업 중심으로의 노동시장 구조 변화는 여성에게와 마찬가지로 노동하고자 하는 노인들에게 노동시장에 진입할 수 있는 기회의 창으로 작용했지만, 대부분의 노인들은 저숙련·저임금 일자리에 집중되기 때문에 이들의 불안정 노동은 나날이 심각해지고 있다.

그러나 노인 노동시장에 관한 기존 연구들은 노동시장의 구조적 문제에 대한 논의를 결여한 채 노인 고용 촉진 방안에 주목한 경우가 많다. 이런 연구들은 노동시장의 노동 수요 측면에 주목했는데(배문조·박세정 2012; 원영희 2012; 김진곤 2009; 김남순 2007; 노병일 2004), 주로 노인 고용을 촉진하기 위해 평생 학습, 노인에 적합한 일자리 창출, 정년제 개선을 비롯한 법적 개선 등을 제안하고 있다. 그러나 한국의 경우 이미 상당수 노인이 경제활동에 참여하고 있기에 고용 촉진이 가장 시급한 과제라고 보기 어려우며, 오히려 노인들이 일하고 있는 일자리의 질에 주목할 필요가 있다. 노동시장이 이중 구조화되어 있는 한국 상황에서, 안 좋은 일자리로 진입하게 되는 노인들은 불안정성에 그대로 노출된다.

한편 노동시장의 구조적 측면에 주목해 노인들의 고용구조를 분석하고 정책 방향을 제시한 연구들도 있다. 이 연구들은 노인의 고용현황을 노인들의 종사상 지위, 산업/직업별 고용 비중, 소득수준, 저임금 비중 등 다양한 요인에 따라 분석했다. 장지연(2004)은 종사상 지위와 직종별 분석을 통해 한국 노인 노동시장의 특징이 높은 경제활동 참가율과 낮은 고용의 질이라는 점을 지적하고 정책 방향을 제시했다. 정성미(2011)는 고령자의 고용이 증가하고 있는 가운데 고령자가 속한 일자리의 특징이 어떤지를 구체적으로 분석했다. 그러나 노인들이 노동시장에서 겪는 불안정성은 고용 측면뿐만 아니라 임금과 사회보험 측면까지 모두 포괄해 살펴볼 필요가 있다. 법정 은퇴 연령이 지난 시기이기 때문에 일을 해도 고용보험에 가입하거나 그 혜택을 받을 수 없고, 의료비가 급증하는 노년기의 특징을 고려하면 일자리의 안정성보다 높은 수준의 임금이 생계유지에 더욱 절실할 수도 있다.

따라서 노동시장에서의 불안정성을 단순히 고용 지위나 고용 관계로 판단하기보다는, 새롭게 정의한 불안정 노동의 개념처럼 고용뿐만 아니라 임금과 소득, 사회보험의 영역까지 모두 고려해 살펴봐야 한다. 고령 인구가 빠르게 증가하고 있고 노동시장에 참여하는 노인들도 계속 늘어나는 추세이기 때문에 노동시장 내에서 노인들이 경험하는 불안정성에 대한 연구는 더욱 중요하다.

2) 불안정성의 속성과 불안정 노동

불안정 노동을 특정한 인구 사회학적 집단으로 규정하기보다는 불안정성의 속성 자체에 주목해 불안정 노동을 정의하려는 시도들이 최근 늘어나고 있다. 이 연구들은 불안정 고용을 다양한 형태의 일의 안정성labour security이 결핍된 상태로 정의하고 있다. 그러나 그 차원들의 항목들에 대해서는 합의된 바가 없다. 불안정성을 다차원적으로 측정한 초기 연구는 로저스·로저스(Rodgers & Rodgers 1989)가 대표적이다. 그는 불안정 고용을 단기간 고용계약 기간, 일/임금/노동과정에 대한 통제의 부재, 사회보장/법적 고용 보호의 부재, 저소득의 차원으로 측정했다. 미겔 라파라 외(Laparra et al. 2004, 14-15)의 경우에는 불안정 고용을 시간적 차원, 사회적 차원, 경제적 차원, 노동조건 차원으로 구분해 측정했으며, 에코플란(Ecoplan 2003)은 이와 비슷하게 일시성, 경제적/사회적 보호의 불안정성으로 불안정 고용을 측정하고 있다. 스 탠딩(Standing 1999)은 노동 안정성의 다양한 형태를 고용 안정, 직무 안 정, 일 보장, 숙련 재생산 보장, 소득 보장, 권한 보장의 여섯 가지로 구분하기도 했다.

이들의 연구를 종합하고 있는 것이 리아 보스코(Vosko 2006)이다. 그 녀는 로저스·로저스(Rodgers & Rodgers 1989)의 차원에 자영업자의 상황을 반영해 불안정성을 측정했다. 그녀는 불안정성을 확실성의 정도, 법 적 보호, 노동과정에 대한 통제, 소득의 적절성으로 측정하고 있다. 백승호(2014)는 고용계약 형태, 소득, 사회적 보호의 세 차원에서 한국 의 불안정 노동을 분석했다. 기존에 불안정 노동을 다룬 연구들이 각 각의 차원을 독립적으로 측정하고 있는 데 반해, 백승호·이승윤(Baek & Lee 2015)은 이 세 가지 차원의 조합을 통해 불안정성을 측정하고 있다. 이는 불안정성이 다차원적인 속성뿐만 아니라 복합적인 속성을 가지 고 있음에 주목한 접근 방식이다. 불안정성에 대한 기존의 다차원적 접근은 불안정성의 다차원성, 복합성을 반영한 지표들을 구성하고 있다는 점에서 고용 형태라는 단일 차원에만 주목하는 연구들에 비 해 한 단계 발전된 논의라 할 수 있다.

그러나 이 연구들은 다음과 같은 한계가 있다. 첫째, 임금노동자 또는 비임금노동자들의 불안정성만을 분석하고 있다(Kalleberg 2014). 장 기 실업자를 포함한 비경제활동인구라든지, 노숙인, 부랑인 여성 등 특정 인구 집단의 불안정성, 생애 주기에 따라 다양하게 나타나는 불 안정성을 주목하지는 못하고 있다. 둘째, 불안정성의 영역을 경제 영 역에만 국한하고 있다. 불안정성은 다양한 영역에서 나타날 수 있다. 셋째, 불안정성의 주관적 속성에 대한 접근의 부재이다. 이런 한계를 극복하려면 불안정성 개념에 대한 다차원적 논의를 좀 더 정교화하는 명확한 개념 정의에서 출발할 필요가 있다. 노동시장의 '불안정성'은 단일한 측면으로 평가되기보다는 다차원적으로 이루어진 복합적인 구성체라는 개념으로 이해되어야 하기 때문이다.

3. 불안정 노동 개념의 재구성

'불안정 노동'을 재개념화하려는 논의들(백승호 2014; Baek & Lee 2015; 서정희·박경하 2015 등)이 최근에 진행되고 있다. 이 책에서도 불안정 노동의 다차원성에 주목한다. 불안정 노동 개념이 일상적으로 사용되고 있음에도 이 개념에 대한 정의는 명확하지 않다. 불안정 노동은 고용이 불안정하고, 예측 불가능하며 위험한 상태로 규정되기도 하고(Kalleberg 2009, 2), 고용의 지속성에 대한 불확실성, 임의적이고 체계화되어 있지 않은 훈련, 낮은 협상력, 저임금을 특정으로 하는 노동으로 정의되기도 한다(Kroon & Paauwe 2013). 그리고 비표준적 고용 관계, 비전형 고용 관계, 취약한 노동vulnerable work, 일용 노동disposable work, 임시 노동contingent work 등의 용어[3]를 사용해 취약해진 노동과 그 부정적인 측면에 주목해 정의되기도 한다(Wayne & Green 1993; Kalleberg 2000 등). 이들은 주로 불안정 노동을 고용 형태 측면에서 규정하고 있다.

---

[3] 국제 학계와 노동 관련 국제기구에서 사용하는 여러 용어들을 한국어로 옮겼기에, 통계청에서 쓰는 공식 용어와 의미가 다를 수 있다.

그러나 불안정 노동 개념을 고용 형태의 측면에서만 접근할 경우에는 서비스 경제 사회에서 나타나는 불안정 노동의 복잡성과 모호성을 충분히 반영하기 어렵다(백승호 2014). 비정규직에 다양한 불안정성의 차원이 중첩되어 있다 하더라도 비정규직 개념은 고용 형태의 불안정을 대표하고 있을 뿐이다. 현실 세계에서 노동시장의 불안정성은 다차원적으로 나타난다. 노동시장의 불안정성은 고용 형태나 임금뿐만 아니라 복지 및 생산 체제의 제도적 구성과 이들의 결합에 따라 다르게 나타날 수 있다(Davidsson & Emmenegger 2012; 김영미 2010).

따라서 불안정 노동의 다양한 차원과 그 조합에 주목해 노동의 불안정을 재구성할 필요가 있다(Baek & Lee 2015). 이 책에서는 불안정 노동을 개념적으로 재구성하고 한국 노동시장의 불안정성을 실증적으로 분석한다. 이를 위해 집합 이론을 활용해 불안정성을 개념화하는 것은 매우 유용하고 적합하다고 볼 수 있다. 다시 말해, 노동자의 '불안정성' 및 '안정성'은 앞서 설명한 세 가지 속성(고용 관계, 임금, 사회보험)으로 개념화될 수 있는데, 각각의 개념적 속성을 하나의 집합으로 구성할 수 있다.

1) 불안정 노동의 차원들

이 책에서 사용하는 불안정 노동 개념은 '고용, 임금 및 소득 그리고 사회적 보호에서의 복합적인 불확실성'으로 정의된다. 이 세 영역의 불안정성은 임금노동자와 비임금노동자로 구분해 측정된다. 우선 고용 불안정성 측정 방식은 다음과 같다. 임금노동자의 고용 불안정성은 김유선(2016)의 비정규직 측정 방법을 준용했다. 그는 고용계약 형태, 근로시간, 근로 제공 방식을 기준으로 측정했다. 기존 연구들은 고용 불안정성을 주로 고용계약의 측면에서만 논의해 왔지만 고용의 불안정은 고용계약뿐만 아니라 근로시간과 근로 제공 방식 등에 의해서도 나타나기 때문이다(김유선 2016). 예를 들어 무기계약직의 경우 계약 기간이 정해져 있지 않아 계약 기간 측면에서는 불안정하지 않다고 볼 수 있으나, 실제로는 승진·휴직·상여 등 정규직에게 제공되는 혜택을 받을 수 없기 때문에 안정된 고용 형태라고 볼 수 없다.

　우선 고용계약의 경우 계약 기간이 1년 미만이거나 향후 계속 근무 가능한 기간이 1년 이하인 임시직·기간제·일용직은 고용이 불안정한 것으로 판단했다. 그리고 앞서 언급했듯이 정해진 근로 기간은 없으나 퇴직금이 없고 유급의 육아휴직이나 병가의 비적용 등 상용직에게 제공되는 기타 복리 혜택을 받지 못하는 장기 임시직의 경우 고용 불안정 집합에 속하는 것으로 봤다. 근로 제공 방식의 측면에서는 호출 근로, 파견 근로, 용역 근로, 독립 근로(보험 설계사 등), 가내 근로인 경우를 불안정한 고용 관계라고 간주했다. 또한 근로시간이 시간제인 경우 고용 불안정 집합에 속하는 것으로 봤다.

　다음으로 비임금노동자의 경우 상용 근로자가 네 명 이하인 자영업자나 자영업 사업장에서 근무하는 무급 가족 종사자를 고용 불안정 집합에 속하는 것으로 간주했다. 따라서 피용인이 없는 독립 자영업자와 피용인이 1~4명인 고용주는 고용 불안정 집합에 속하고 피용인이 다섯 명 이상일 경우 고용 불안정 집합에 속하지 않는다. 또한 독립적으로 일하지만 직업의 전문성이 있는 변호사나 회계사와 같은 전문가의 경우는 고용 불안정성이 없다고 판단했다.

　다음으로 임금/소득 불안정성은 국제노동기구의 저임금 기준인

표 3-2 | 비임금노동자의 사회보험 배제 항목 코딩 기준

		국민연금	산재보험	고용보험	건강보험	통합
2002~07년	무급 가족 종사자, 1인 자영업자(상용 근로자 없음)	1	1	1	0	1
	상용 근로자 2~4명 자영업자	0	1	1	0	1
	상용 근로자 5명 이상 자영업자	0	0	0	0	0
2008~12년	무급 가족 종사자, 상용 근로자 4명 이하 자영업자	응답			1	0	1
	상용 근로자 5명 이상 자영업자				0	1 또는 0
2013년 이후	무급 가족 종사자, 상용 근로자 4명 이하 자영업자	응답				0	1 또는 0
	상용 근로자 5명 이상 자영업자					0	1 또는 0

주 : 상용 근로자 2명 이상 자영업자의 경우 한국노동패널조사 11차 이후의 자료에서 국민연금 보험료
납부율이 높음을 반영.

'전체 노동자 중위 소득의 3분의 2보다 낮은 시간당 임금을 받을 경
우'에 임금/소득 불안정 집합에 속한다고 보았다. 비임금노동자의
경우는 소득을 시간당 소득으로 환산해 임금노동자와 동일한 방식으
로 임금/소득 불안정성을 측정했다.

사회보험의 불안정성은 우선 임금노동자의 경우 4대 사회보험(국
민연금·고용보험·산재보험·건강보험) 가운데 하나라도 가입하지 않은 경
우 사회보험 불안정 집합에 속하는 것으로 보았다. 이 책에서 활용하
는 한국노동패널조사가 비임금노동자를 대상으로 사회보험 가입 여
부를 묻기 시작한 시점의 차이로 말미암아 비임금노동자의 사회보험
불안정성 측정은 다소 복잡한데 이를 간단히 나타내면 〈표 3-2〉와
같다.

한국노동패널조사에서 비임금노동자를 대상으로 조사를 실시할
때, 국민연금과 산재보험은 2008년부터, 고용보험은 2013년부터 가

입 여부가 조사되었다. 따라서 2007년까지는 연구자의 판단에 따라 사회보험 가입 여부에 대한 기준을 설정했다. 먼저 무급 가족 종사자와 상용 근로자가 없는 1인 자영업자는 국민연금·산재보험·고용보험 모두 사회보험 미가입으로 간주했고, 상용 근로자가 다섯 명 이상인 자영업자는 모두 사회보험 가입으로 간주했다. 상용 근로자 2~4명인 자영업자는 국민연금을 제외한 산재보험과 고용보험은 미가입으로 간주했다. 2008년부터 조사된 국민연금 가입 여부에 대한 조사 결과를 보면, 상용 근로자 두 명 이상인 자영업자의 국민연금 납부 비율이 높았기 때문에 이를 근거로 2008년 이전 가입 여부를 추론한 것이다.

또한 고용보험의 경우, 2008년부터 2012년까지 무급 가족 종사자와 상용 근로자 네 명 이하인 자영업자는 고용보험 미가입으로 간주했고, 상용 근로자 다섯 명 이상 자영업자는 고용보험에 가입한 것으로 보았다. 한편 건강보험료의 징수율은 2016년 상반기 기준 99.3퍼센트로 1백 퍼센트에 가깝기 때문에(국민건강보험공단 2016) 건강보험은 모두 가입한 것으로 보았다. 이렇게 4대 보험 각각에 대한 가입 여부가 확정되면 4대 보험 가운데 하나라도 가입하지 않은 경우 결과적으로 사회보험 불안정 집합에 속한다고 간주했다.

2) 불안정 노동 개념의 재구성

이 책에서는 이렇게 측정된 고용, 임금(또는 소득), 그리고 사회보험의 불안정성을 조합으로 재구성해 불안정 노동을 측정했다. 즉 세 가지 불안정성을 '노동시장의 불안정성'이라는 집합의 중요한 세 가지 부분 집합이라고 보는 접근을 취한다. 전통적 집합 이론의 관점에 따르면 한 개인은 어떤 집합에 속하거나, 속하지 않거나 둘 중 하나의 상태를 가질 수 있다. 예를 들어, 불안정한 고용 관계를 갖는다면 '고용 불안정 집합'에 속하는 것이고, 임금수준이 낮다면 '임금 불안정 집합'에 속하게 된다. 이렇게 세 가지 측면은 각각 하나의 집합이라고 볼 수 있으며 개인은 세 가지 집합 각각에 속하거나, 속하지 않는 상태를 갖게 된다.

고용 불안정 집합을 E, 임금(또는 소득) 불안정 집합을 W, 그리고 사회보험 불안정 집합을 S라고 할 때, 결과적으로 한 개인이 가질 수 있는 노동시장 불안정성의 상태는 여덟 가지로 나타난다. ① 고용, 임금, 사회보험 모두 불안정한 경우(EWS), ② 고용은 안정하나 임금과 사회보험이 불안정한 경우(eWS), ③ 임금은 안정하나 고용과 사회보험이 불안정한 경우(EwS), ④ 사회보험은 안정하나 고용과 임금이 불안정한 경우(EWs), ⑤ 고용과 임금은 안정하나 사회보험이 불안정한 경우(ewS), ⑥ 고용과 사회보험은 안정하나 임금이 불안정한 경우(eWs), ⑦ 임금과 사회보험은 안정하나 고용이 불안정한 경우(Ews), ⑧ 세 가지 모두 불안정한 경우(ews).

여기에서는 여덟 가지 상태를 다시 네 가지 유형으로 정리했다. 즉 세 가지 측면이 모두 불안정한 ①의 경우는 '매우 불안정', 셋 중 두 가지 측면이 불안정한 ②, ③, ④의 경우는 '불안정', 셋 중 한 가지 측면이 불안정한 ⑤, ⑥, ⑦은 '다소 불안정', 그리고 세 가지 모두 안정한 ⑧의 경우는 '불안정하지 않음'으로 분류했다(<표 3-3> 참조). 따라서 앞서 언급했듯이 어느 한 측면의 불안정성만 주목하지 않고 고용·임금·사회보험 측면을 동시에 고려해 노동시장에서 겪을 수 있는

표 3-3 | 불안정 노동 개념 구성

개념	구성 요인	측정	
불안정 노동	고용(E)	▸ 임금노동자 : 비정규직 및 각종 상여금 및 휴가, 휴직 등에서 정규직과 차별적 적용을 받는 무기 계약직 ▸ 비임금노동자 : 상용 근로자 4명 이하 작업장의 고용주/자영업자와 무급 가족 종사자	
	임금/소득(W)	▸ 임금노동자 : 전체 임금노동자 시간당 중위 임금의 3분의 2 미만 임금을 받는 경우(ILO 저임금 기준) ▸ 비임금노동자 : 월 소득을 시간당 소득으로 변환해 임금노동자와 같은 기준 적용	
	사회보험(S)	4대 사회보험 가입 여부	
E·W·S 모두 불안정	EWS	매우 불안정	
E·W·S 중 둘 불안정	EWs, EwS, eWS	불안정	
E·W·S 중 하나 불안정	Ews, eWs, ewS	다소 불안정	
E·W·S 모두 안정	ews	불안정하지 않음	

불안정성의 심도를 구분해 분석을 시도했다.

이어지는 장들에서는 앞서 설명한 불안정 노동에 대한 개념화 작업을 바탕으로 한국 노동시장에서 청년·여성·노인은 얼마나 불안정하고 어떤 요인이 이 불안정성에 영향을 미치는지를 분석한다.

부록 3-1 | 비정규직의 측정 기준

연구자	개념	고용의 지속성	근로시간
김안나(2004)	불안정 고용	기간제 노동	최저 단시간 노동 (주당 15시간 이하)
김유선(2007)	비정규 고용	기간제 근로, 장기 임시 근로	시간제 근로
김형배·박지순(2004)	유사 근로자	유사 근로자	
남재량·김태기(2000)	비정규 근로	임시·일용 근로자	단시간 근로 (주당 36시간 미만)
문무기 외(2008)	과도적 근로관계	채용 내정 시용, 수습, 인턴	
박기성(2001)	비정형 근로	한시적으로 고용된 노동자	시간제 노동자
박인상(2000)	비정규 노동	임시직, 계약직, 촉탁 사원, 인턴사원 (임시 고용)	파트타임, 아르바이트 (단시간 고용)
배진한(2001)	비정형 근로	단기 계약 근로자	시간제 근로자
배화숙(2005)	비정규직	임시직, 일용직, 유기 계약	
사회진보연대 불안정노동 연구모임(2000)	불안정 노동	일용, 임시, 계약직 노동 (노동력 사용 기간의 한정)	시간제 노동 (노동력 사용 시간의 한정)
성재민·이시균(2007)	비공식 고용		
심상완(1999)	비정규 노동자	임시직, 일용직	단시간 노동자
안주엽 외(2001)	비정규 근로	한시직	단시간 근로
안주엽·조준모·남재량(2002)	비정규 근로	유기 계약 및 무기 계약 근로	시간제 근로
윤진호(1994)	불안정 취업층	고용계약 기간의 한정성(임시직 등)	
윤진호·정이환·홍주환·서정영주 (2001)	비정규 노동	임시·일용·계약직	단시간 노동자
유경준(2009)	비정규 근로	한시 근로 비기간제, 한시 근로 기간제	
이병훈·윤정향(2001)	비정규 노동(외부화된 노무 제공자)	유기 계약	단시간 근로
이병희(2012)	비공식 고용		
이시균(2006)	비정규 노동	▶ 임시·일용직(분류 I) ▶ 임시·일용직, 기간제(분류 II)	시간제(분류 II)
이택면(2005)	비정규직	단기 계약직 임시·일용직	파트타임/시간제
장신철(2012)	비정규직	기간제 근로자(임시직)	
정이환(2003)	비정규 노동, 비정형 노동	▶ 임시·일용직(비정규 노동) ▶ 한시적 근로자 기간제 근로자(비정형 노동)	단시간 근로자 (비정형 노동)
최경수(2001)	비정형 근로	한시적 근로자	시간제 근로자

| 사용자와의 관계 | 근로 제공 방식 | | 근로조건 (사회보험·부가급여 등) |
	근로의 규칙성	근로 제공 장소	
(실질적으로 특정 사용자와 고용 관계를 갖는) 1인 자영업자			
파견 근로, 용역 근로, 특수 근로	호출 근로	가내 근로	
도급, 위임 등에 의거해 특정 사용자에게 단독으로 노무를 제공하는 자			
간접 고용			
비전형 근로자	비전형 근로자	비전형 근로자	부가 급여를 받지 못하는 자
▶ 파견, 용역, 도급, 사내 하청, 소사장(간접 고용) ▶ 개인 도급, 재택 근로(특수 고용 형태)	일용직(임시 고용)	재택 근로, 가내 근로 (특수 고용 형태)	
파견 근로자, 용역 근로자, 독립 도급 근로자	호출 근로자		
간접 고용			
▶ 용역, 파견, 사내 하청 노동(노동력의 외부화) ▶ 하청, 외주 노동(생산의 외부화) ▶ 계약 노동(개별 노동자에 책임 전가) ▶ 영세 업체 노동(영세 자본에 책임 전가)			
			▶ 사회보험 미적용 ▶ 또는 퇴직금, 시간외수당, 유급휴가 모두 미적용
▶ 파견·하청 등 간접 고용 ▶ 프리랜서, 자영 노동자		가내 노동자	
파견 근로 및 용역 근로 독립 도급 근로	일용 대기 근로	재택 근로	
▶ 파견, 사내 하청, 유사 파견, 불법 파견(간접 고용) ▶ 특수 계약의 비임금 노동자(특수 고용)			
파견 근로, 용역 근로 특수 형태 근로	일일 근로	가정 내 근로	
간접·특수 고용			
			최저임금, 퇴직금, 공적 연금 중 한 가지 이상 미적용
파견, 용역, 특수 고용(분류 II)	호출 고용(분류 II)	가내 고용(분류 II)	
파견 근로 용역 근로 독립 도급 근로	일시적 고용	재택 근로	
▶ 파견 근로자(임시직) ▶ 특수 형태 근로 종사자, 용역 근로자(기타 비정규직)	일용 근로자(임시직)	가정 내 근로 (기타 비정규직)	
파견·용역 근로자(비정형 노동)	호출 근로자(비정형 노동)		
비전형 근로자	비전형 근로자	비전형 근로자	

4장
한국 청년 불안정 노동자

1. 불안정한 한국 청년의 삶

최근 한국 사회에서는 청년 세대를 지칭하는 다양한 표현들이 등장하고 있다. 연애·출산·결혼을 포기했다는 뜻의 '삼포 세대'를 비롯해 연애, 출산, 결혼, 인간관계, 내 집 마련을 포기한 '오포 세대', 이에 더해 꿈과 희망까지 포기한 세대를 일컫는 '칠포 세대'라는 용어까지 등장했다. 취업과 관련해서는 인문계 졸업생의 취업난을 표현한 '인구론', 알바(아르바이트)로 학자금을 충당하는 학생들을 표현하는 '알부자족' 등 노동시장에서 청년들의 불안정성을 드러내는 신조어도 있다. 또한 부모의 재산이 많아 스스로 노력하지 않아도 축적된 부를 누릴 수 있는 사람을 '금수저', 빈곤한 부모 슬하에 태어난 사람을 '흙수저'에 비유하는 등 청년들은 심화되고 있는 불평등에 대한 자조와 분노를 표출하고 있다. 한국 청년들을 묘사하고 있는 여러 신조어들은 현재 한국 청년들의 불안정성을 보여 주는데, 청년의 불안정성은 한국 노동시장의 구조적인 변화와 함께 살펴볼 필요가 있다.

한국의 노동시장은 서비스 경제로 진입하면서 기술의 발전, 재화에서 서비스로의 소비 패턴 변화, 서비스 부문 노동 수요의 증대 등 여러 변화를 경험하고 있다. 특히 서비스 부문 일자리가 주로 저숙련·비정규직 위주로 확장됨으로써 여성·노인·이주자·청년 등 노동시장 취약 계층이 서비스 부문의 노동 수요를 충당하고 있다는 데 주목할 만하다. 이 가운데 제조업 기반의 산업사회에서 표준적으로 통용되던 정규적 고용 관계와는 전혀 다른 비정규 고용 형태들이 확대되면서 이에 대한 관심도 높아져 왔다. 그러나 서비스 경제로의 전환과 함께 등장한 노동시장에서의 다양한 고용 관계의 불안정성을 단순히 비정규직의 확대로 설명하기에는 한계가 있다. 노동법에 입각한 고용 관계를 회피하려는 '가짜 자영업', '삼각 고용 관계' 등 현재 새롭고 다양한 고용 형태들이 만들어지고 있기 때문이다(서정희·박경하 2015). 이렇게 새로 등장하고 있는 고용 관계들은 실태 파악조차 제대로 되지 않고 있는 실정이다.

그런데 서비스 경제 기반의 한국 노동시장에서 이런 표준적 고용 관계에서 벗어난 고용계약 형태, 지식 기반 서비스 경제 사회에서 새롭게 등장하는 고용 및 일의 형태 등 노동시장의 변화를 최전선에서 경험하는 이들은 주로 청년층이다. 일례로 기존에는 음식점 배달원들이 음식점의 사장과 일대일 고용 관계를 맺었다면, 최근에는 음식점으로 직접 전화를 걸지 않고 여러 음식점의 정보를 모아 두고 주문을 받아 음식점에 전달하는 일종의 '주문 중개인'과 같은 스마트폰 어플리케이션이 대중화되었다. 이 경우 배달원들은 한 음식점에 고용되지 않으며 고용주가 누구인지 모르고 계약관계도 불분명한 고용 관계를 맺게 된다. 이들의 중심에 청년들이 존재한다. 서비스 업종 중 고용 환경이 가장 열악한 음식업에 종사하는 40대의 비중은 줄었지만, 청년의 비중은 오히려 늘어나고 있다. 앞서 설명했듯이, 고용 형태의 다변화와 밀접하게 연관된 히키코모리, 프리터, 니트 등 청년층에게서 다양한 형태의 삶의 변화도 확대되고 있다.

그러나 이렇게 새로운 고용 및 일의 형태 다변화가 관찰되고 있는 시점에서 기존 논의들은 청년을 비정규직, 취업 준비생, 취업 단념자 등으로 분리할 뿐 이들의 불안정성에 크게 주목하고 있지 않다. 일할 능력이 있음에도 일을 포기하는 청년 장기 실업자, 프리터, 니트 등은 비경제활동인구로 분류된다. 이들은 기존의 노동계약 관계로는 포괄될 수 없는 전혀 다른 차원에서 노동시장의 다변화 양상을 대표하는 사례들이라고 할 수 있다. 특히 한국의 청년들은 이런 다변화된 노동시장의 고용 및 일의 형태를 전면에서 경험하고 있고, 새로운 고용 관계가 확대됨에 따라 기존의 임금노동자 중심의 사회보험에서 배제되는 인구 집단이 확대되는 문제가 발생하고 있다. 청년들이 노동시장에서 경험하는 고용 및 소득 불안과 사회보험으로부터의 배제는 매우 밀접하게 연결되어 있다. 즉 한국 청년들은 전통적인 고용 관계에 맞춰 발전해 온 사회보험의 영역에서는 포괄될 수 없는 다양한 측면의 불안정성에 노출되어 있는 것이다.

주민등록 통계에 따르면, 우리나라 청년층(15~29세) 인구는 2000년 약 1천2백만 명(25.3퍼센트)에서, 2017년 1월 현재 987만 명(19.1퍼센트)으로 전체 인구 대비 비중이 지속적으로 감소해 왔다. 청년층의 인구 비중은 감소하고 있지만, 최근 청년들의 불안정한 삶은 사회적으로 큰 이슈가 되고 있다. 청년들의 삶의 불안정성은 노동시장의 구조적 변화와 밀접하게 관련되어 있다. 이와 관련해 노동시장의 불안정성과 그로 말미암은 프레카리아트 확산을 다룬 연구들은 서비스 경제로의 산업구조 변화 과정에서 나타나는 표준적 고용 관계의 해체, 저숙련·비정규직 고용 위주의 서비스 부문 확장을 노동시장 불안정성의 주요 원인으로 지목한다(백승호 2014; 이광일 2013; 이진경 2012; 곽노완 2013). 그리고 이런 연구들은 서비스 부문의 노동 수요를 충당하고 있는 여성·이주자·청년 등의 불안정 노동에 주목하고 있다.

노동시장의 불안정성은 최우선적으로 청년들에게 영향을 미친다. 그 결과 청년 노동시장의 불안정성은 청년들의 인적 자본이 형성되지 못하게 가로막는 동시에 생애 소득 감소에 따른 빈곤화를 가속시킬 수 있다(손혜경 2009). 또한 청년층의 노동시장 경험은 중·장년기의 노동시장 참가 양태 및 평생 소득을 결정하는 요인으로 작용한다(안주엽·홍서연 2002). 결국 청년 세대의 불안정성은 노후 생활의 불안정으로까지 이어진다. 더 나아가 청년 노동시장의 불안정성은 빈곤의 세습과 같이 전 생애에 영향을 미친다는 점에서(이병희·홍경준·이상은 외 2010; 민병희 2010; 변금선 2012), 적절한 청년 정책을 수립하는 것은 한국 복지국가의 지속 가능성을 높이는 데도 매우 중요하다.

특히 한국 사회가 직면하고 있는 청년 세대의 문제는 이들이 고학력임에도 잠재 실업, 장기 실업 그리고 비정규직 등 불안정 노동자로 전전하거나, 청년들이 니트·히키코모리 등 노동시장을 떠나는 선택이 늘고 있다는 사실에 있다. 이런 청년 불안정 노동의 문제는 한국뿐만 아니라 전 세계적으로 나타나고 있는 현상이다. 청년들의 문제는 청년이라는 '세대'의 문제와 '불안정한 삶'의 문제가 중첩적으로 나타나면서 급부상하고 있다(Dörre 2010, 52-69, 곽노완 2013 재인용). 특히 한국은 대학 진학률이 OECD 국가들 중 최고 수준에 이르지만, 비정규직과 불안정 노동자의 비율은 상당히 높은 편으로, 고등교육을 받고도 좋은 일자리의 전망을 상실한 청년 세대의 절망이 세계적으로도 유례없이 빠르게 확산되고 있다. 2016년 7월 발표된 맥킨지앤드컴파니Mckinsey & Company의 보고서는 청년 세대의 소득 불안정성 문제를 잘 보여 주고 있다. 이 보고서에 따르면, 40대 이상 부모 세대의 경우 98퍼센트가 지속적인 소득 증가를 경험한 반면, 2005년 이후에 사회생활을 시작한 청년들의 경우 소득이 제자리이거나 줄어든 경우가 65~70퍼센트에 달한다는 것이다. 즉 청년들의 삶은 시간이 지나도 나아지기를 기대하기가 어려워지고 있는 셈이다(Mackinsey Global Institute 2016).

2. 청년 불안정 노동시장

한국 청년들이 경험하고 있는 고용 불안정성은 전반적인 삶의 불안정성과 밀접하게 연관되어 있다. 최근 한국 청년 노동시장의 불안정성을 대변하는 현상 가운데 하나로 니트·히키코모리 등의 선택을 통한 청년들의 노동시장 이탈을 들 수 있다(이승윤·이정아·백승호 2016). 청년 니트의 비율은 OECD 34개국 중 일곱 번째로 높다. 특히 한국은 고학력 니트 비율이 24퍼센트로 비교 국가 중 세 번째로 높은 수준이다. 이는 OECD 평균인 13퍼센트보다 두 배 가까이 높은 수치이다. 주로 저학력일수록 니트가 될 위험이 높아진다는 일반적인 설명과는 상반되는 결과다. OECD는 이를 두고 분절화된 노동시장으로 말미암아 한국 청년들이 비효율적인 과잉 교육을 받음으로써 청년들의 노동시장 진입이 어려워진 것으로 분석한다(OECD 2016). 한국의 대학 진학률은 2015년 기준 70.8퍼센트로 매우 높았으나(교육부 2015), 청년 고용률은 42퍼센트로 상대적으로 낮다는 점이 이런 설명을 뒷받침한다.

청년 실업률도 매우 높다. 통계청에 따르면 2016년 1월 15~29세의 청년 실업률이 9.5퍼센트로 전년도 대비 상승한 것으로 조사되었는데, 이는 전년도인 2015년 1월의 9.2퍼센트보다도 높은 수준일 뿐만 아니라 1999년 공식 통계 집계 이후로 가장 높다. 6개월 이상 실업 상태인 장기 실업자의 상당수가 청년층(15~29세)인데다가 전년도와 비교해 청년층에서만 장기 실업자 비중이 증가한 것으로 나타났다(박세정·김안정 2016). 여기에 취업 준비자, 구직 단념자 등을 포함한 2015년 청년 실질 실업률은 2014년 청년 공식 실업률 10.2퍼센트의 세 배보다 많은 30.9퍼센트에 달한다(서울노동권익센터 2015).

국가 간 고용률 수치를 비교해 봐도, 한국 청년층의 고용 문제는 매우 심각하다. 니트를 포함한 실망 실업자나 구직 포기자 등의 비경제활동인구는 실업률 지표에 적절히 반영되지 못하기 때문에 고용률 지표를 검토하는 것이 유용하다. 〈그림 4-1〉은 국가 간 연령별 고용률을 보여 주고 있다. 그림에서 볼 수 있듯이, OECD 주요 국가들의 핵심 생산 인구(25~54세) 고용률은 모두 70퍼센트를 웃돌고 있으며 한국도 예외가 아니다. 하지만 청년층 고용률의 경우에는 국가 간 차이가 매우 크다. 특히 한국의 청년 고용률은 다른 국가들에 비해 매우 낮게 나타나고 있다. 중·고령층과의 편차도 다른 국가들에 비해 상당히 크다. 특정 연령별로 한국의 고용률 수치와 OECD 국가 평균치를 대비하면, 한국의 청년층 고용률이 26.2퍼센트이고 OECD 국가 평균 청년 고용률이 39.7퍼센트로 한국 청년층 고용률이 낮았으며, 중·고령층 고용률은 한국 65.7퍼센트, OECD 국가 평균 57.5퍼

그림 4-1 | 국가 간 연령별 고용률 비교 (2014년 기준)

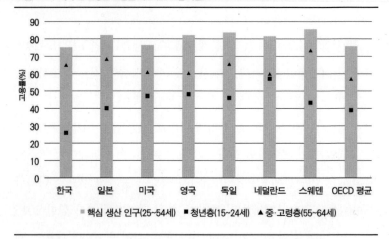

자료 : OECD(2016).

센트로 한국 중·고령층의 고용률이 더 높았다. 다시 말해, 한국 청년들은 노동시장에서 국제적으로, 그리고 국내의 다른 연령층에 비해서도 열등한 지위를 가지고 있다는 것을 확인할 수 있다. 연령대별 고용률뿐만 아니라 경제활동 참가율 추이와 취업자 수를 살펴봤을 때에도 유독 청년층에서만 감소율이 두드러진다(통계청 2016a).

노동시장에 참여하는 청년들의 고용 불안정성 또한 심각한 수준이다. 한국 청년들의 교육 수준은 국제적으로 상당히 높은 수준임에도, 2015년 취업한 15~29세 임금노동자 열 명 중 여섯 명 이상이 비정규직으로 드러났으며, 8년 만에 10퍼센트포인트가 높아졌다(한국노동연구원 2016). 임금노동자 중 29세 이하 청년들의 비정규직 비율은, 보수적인 통계치를 제시하고 있는 통계청 자료를 보더라도, 2010년

33.6퍼센트에서 2015년 35퍼센트로 증가 추세에 있다(이승윤·이정아·백승호 2016). 정규직에 종사하고 있는 청년층의 수는 감소한 반면, 비정규직에 종사하는 청년층의 수는 오히려 증가하고 있으며, 다른 연령층에서는 비정규직 비율이 감소하고 있는 것과 비교해 볼 때, 청년층이 특히 다른 연령층에 비해 불안정한 노동시장 지위에 집중되어 있음을 알 수 있다. 이는 청년들이 어렵게 취업에 성공하더라도 상당수가 비정규직에 종사하게 될 가능성이 커졌다는 의미이다. 그 결과 더 좋은 일자리를 얻기 위해 대학 졸업자들이 학업을 연장하거나 취업을 연기하는 것이 사회적 경향으로 자리 잡았다. 이들의 불안정한 사회 경제적 지위는 새로운 빈곤 집단으로서 청년의 등장으로 이어지고 있다(우석훈·박권일 2007; 김수정 2010). 과거와 달리 대학 교육을 받은 청년조차도 노동시장에서 희망적이지 않다는 방증이다.

청년들의 고용 불안정은 소득 불안정과 밀접하게 관련되어 있다. 특히 1997년 경제 위기 이후 청년들의 고용 불안정성은 확대되어 왔고 이는 소득 악화로 이어져 왔다(반정호 2010). 소득 증가율의 변화를 살펴보면, 오직 20~30대 청년 가구의 소득만 2015년 감소세로 돌아선 것으로 보고되고 있다(통계청 2016a). 월 급여 수준도 청년층은 상대적으로 낮게 나타났다. 중위 임금의 3분의 2 미만을 받는 저임금 청년층 노동자의 비중은 2016년 30퍼센트 수준으로, 60세 이상 노인층을 제외하면 가장 높은 수준이다. 다른 연령층의 저임금 노동자 비중이 지난 5년간 감소했지만, 청년층의 저임금 노동자 비중은 변화가 없다. 청년들의 고용 불안정은 사회적 보호에서의 배제로까지 이어진다. 청년층의 사회보험 가입률을 살펴보면 2013년 국민연금, 건강보험, 고용보험 가입률은 70.1퍼센트, 70.8퍼센트, 69퍼센트였으나,

2016년에는 한층 더 감소했다. 이 또한 다른 연령층에서 2013년 이후로 사회보험 가입률이 지속적으로 증가하는 추세에 있는 것과는 대조적인 모습이다(이승윤·이정아·백승호 2016).

그뿐만 아니라 고용의 불안정, 소득의 감소는 청년들의 소비지출 불안정을 야기한다. 특히 청년들의 소득 불안정은 주택에 대한 지불 능력을 감소시켜 극심한 주거 빈곤을 낳을 수 있다(이수욱·김태환 2016). 부모의 경제적 자본을 이전받기를 기대하기 어려운 빈곤 청년의 경우 극심한 주거 빈곤을 경험하는 것으로 나타났다. 서울시의 경우 1인 가구 청년의 36.3퍼센트가 주거 빈곤 상태에 놓여 있는데, 이들은 주로 고시원·지하방·옥탑방 등 열악한 주거 공간에 거주하는 것으로 조사되었다(김란수 2013). 청년들의 소득 불안정은 교육비로 말미암은 부채 문제에서도 간과할 수 없다. 교육비 관련 가계 부채는 급증하는 추세를 보이고 있다(한국은행 2014). 한국장학재단의 학자금 대출 규모를 보면, 2005년 5천억 원이었던 대출 잔액이 2012년 11조3천억 원으로 7년 만에 23배 증가했으며, 대출받는 학생의 수는 약 10배 증가했다(조영무 2014). 과거에는 대학 졸업 후 취업하면서 교육비 관련 대출금을 상환하기가 어렵지 않았지만, 이제는 사회에 첫발을 내딛는 청년의 불안정한 경제적 지위 탓에 대출금 상환이 어려워 청년들의 불안정성이 장기화될 수 있다. 이렇듯 청년 세대는 불안정한 고용 상태, 낮은 소득수준, 사회보험 배제, 소비지출의 불안정성 등 다차원적으로 삶의 불안정성이 일상화되어 있다.

그렇다면 실제로 청년들의 삶의 불안정성은 어떤가? 한국 청년층의 불안정성을 다각도로 살펴보기로 한다. 먼저 청년들의 노동시장 참여 패턴을 통해 한국 청년 노동시장의 불안정성을 살펴보면 다음

표 4-1 | 청년 노동시장 현황 (단위 : %)

	2000년	2005년	2010년	2015년
경제활동 참가율	47.2	48.8	43.8	45.7
고용률	43.4	44.9	40.3	41.5
실업률	8.08	7.90	8.05	9.18
경제활동인구(천 명)	5,308	4,836	4,254	4,335
비경제활동인구(천 명)	5,934	5,084	5,452	5,152

자료 : 통계청(2016a).

과 같다<표 4-1> 참조). 청년들의 전반적인 노동시장 참여 현황을 보면, 청년들의 경제활동인구와 경제활동 참가율은 2000년 이후 지속적으로 감소하는 추세를 보이고 있다. 경제활동 참가율은 2000년 47.2퍼센트에서 2015년 45.7퍼센트 수준으로 경제활동에 참가하는 청년들은 전체 청년의 절반이 채 되지 않는다. 또한 청년의 고용률은 2015년 현재 41.5퍼센트에 불과하고 청년 실업률은 9.2퍼센트로 1999년 공식 통계 집계 이후로 가장 높으며, 청년 니트 비율 역시 18.5퍼센트로 OECD 평균 15.4퍼센트를 상회하고 있다(이병희 2015). 한국비정규노동센터 조사에 따르면, 취업 준비자와 구직 단념자 등을 포함한 청년 실질 실업률은 2014년 청년 공식 실업률 10.2퍼센트의 세 배보다 많은 30.9퍼센트에 달한다고 한다(서울노동권익센터 2015).

노동시장에 참여하는 청년들이라 해도 상황이 다르지는 않다. 임금노동자 중 29세 이하 청년들의 비정규직 비율은 2010년 33.6퍼센트에서 2015년 35퍼센트로 증가하는 추세에 있다. 정규직에 종사하고 있는 청년층의 수는 감소한 반면, 비정규직에 종사하는 청년층의 수는 오히려 증가하고 있으며, 다른 연령층에서는 비정규직 비율이

그림 4-2 ㅣ 연령별 취업자의 고용 형태별 비율

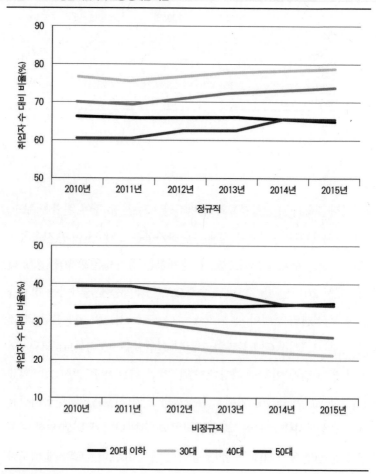

자료 : 통계청(2016a).

감소하고 있는 것과 비교해 볼 때, 청년층이 특히 다른 연령층에 비해 불안정한 노동시장 지위에 집중되어 있다는 사실을 확인할 수 있다<그림 4-2> 참조).

그림 4-3 | 연령별 고용 형태별 월 급여액 (2014년 기준)

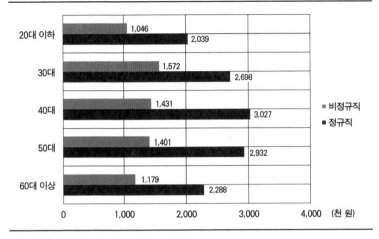

자료 : 고용노동부(2015a).

월 급여에서도 청년층은 상대적으로 낮은 수준의 급여를 받는 것으로 나타났다. 중위 임금의 3분의 2 미만을 받는 청년층 저임금 노동자의 비중은 2015년 30퍼센트 수준으로 60세 이상 노인층을 제외하면 가장 높은 수준이다. 다른 연령층의 저임금 비중이 지난 5년간 감소한 것과 비교해도 청년층의 저임금 비중은 제자리걸음을 하고 있다(정준영 2015). 구체적으로, 고용 형태별 월 급여액 현황을 살펴보면, 29세 청년층 가운데 정규직 노동자의 월 평균 급여액은 2010년 170만8천 원에서 2014년 203만9천 원으로 33만1천 원 증가했으며, 비정규직 노동자의 월평균 급여액 또한 2010년 99만7천 원에서 2014년 104만6천 원으로 4만9천 원 증가했다. 하지만 정규직 노동자의 급여 증가율에 비해 비정규직 노동자의 급여 증가율은 아주 작은 폭

그림 4-4 | 연령별 각 사회보험 가입률 (2015년 기준)

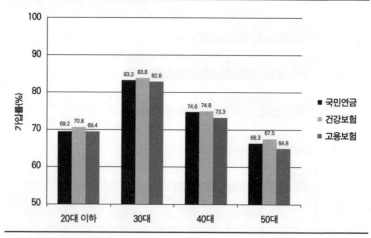

주 : 1) 20대 이하는 15~29세를 말함.
   2) 국민연금과 건강보험의 경우 직장 가입자만 집계.
   3) 국민연금의 경우 특수직역연금 가입자 포함.
자료 : 통계청(2016a), 이승윤·이정아·백승호(2016).

으로 상승했으며, 다른 연령층과 비교했을 때도 청년층은 상대적으로 낮은 수준의 급여를 받는 것으로 나타났다(<그림 4-3> 참조).

마지막으로 사회보험 가입의 경우, 15~29세 청년층의 국민연금, 건강보험, 고용보험 가입률은 2013년 70.1퍼센트, 70.8퍼센트, 69퍼센트에서, 2014년 70.5퍼센트, 71.2퍼센트, 70.6퍼센트로 각각 소폭 상승했다. 하지만 2015년에는 69.2퍼센트, 70.8퍼센트, 69.4퍼센트로 오히려 가입률이 감소했으며, 2013년 이후 지속적으로 가입률이 증가하는 추세에 있는 다른 연령층에 비해 감소하고 있는 모습을 보이고 있다(<그림 4-4> 참조).

노동시장의 불안정성 이외에도 청년들의 지출 및 총소득과 관련이 높은 주거 불안정 현황을 추가로 살펴보자. 2010년 기준 청년 주거 빈곤율은 전국 가구 주거 빈곤율인 14.8퍼센트보다 훨씬 높은 36.3퍼센트 수준이다. 또한 2012년에 비해 2014년으로 갈수록 주택이나 아파트를 소유하고 있는 인구의 수는 점차 증가하고 있다. 하지만 그에 비해 30대 이하 청년층에서 주거를 소유하고 있는 경우는 2.4퍼센트에서 1.9퍼센트로(주택), 2.3퍼센트에서 1.9퍼센트로(아파트) 감소했다. 특히나 다른 연령층과 비교해서도 상대적으로 그 수가 적다는 점에서 사회 초년생인 청년층은 생활할 주택을 구하는 데서도 어려움을 느낄 수 있다. 최근의 전세 대란과 같은 사회적 현상으로 말미암아 청년층이 주거 빈곤층으로 전락할 가능성 또한 증가할 것이다.

앞서 살펴본 것과 같이 한국의 청년층은 실업과 고용 관계, 임금 수준, 사회보험의 배제율 등의 측면에서 다른 연령층에 비해 상당히 불안정한 환경에 놓여 있다.

그렇다면 한국의 청년들이 기본적인 생활을 유지하지 위해 일반적으로 필요한 생활비는 어느 정도인가? 이를 위해, 먼저 소비 실태를 살펴볼 수 있는데, 통계청의 『가계동향조사』 2014년 원자료를 활용해 19~29세 청년들의 현재 '생활 비용' 수준을 파악할 수 있다. 19~24세, 25~29세 및 전 연령 구간의 평균 근로소득과 지출의 세부 항목별 지출액 등을 나타낸 〈그림 4-5〉와 〈그림 4-6〉에서 보듯이, 19~24세의 평균적인 가계 지출(소비지출과 비소비지출의 합계액)과 소비지출의 규모는 각각 근로소득의 115퍼센트와 105퍼센트로 부채나 이전소득 없이 충족할 수 없다. 이 연령대의 소비지출액은 가장 높은 편이지만 근로소득이 현저하게 낮기 때문이다. 평균 근로소득

그림 4-5 | 연령별 근로소득 및 지출 구성 (2014년 기준)

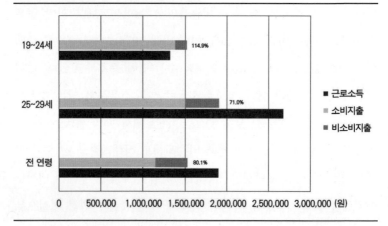

주 : 1) 가계 지출 = 소비지출 + 비소비지출
　　2) 그래프 내 숫자는 근로소득 대비 총 지출이 차지하는 비중.
자료 : 통계청(2015b), 이승윤·이정아·백승호(2016).

그림 4-6 | 연령별 총 소비지출 내 세부 지출 구성 (2014년 기준)

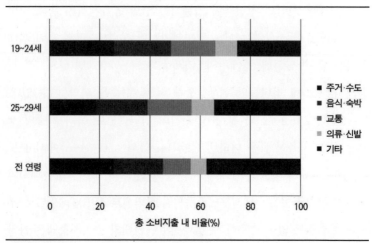

자료 : 통계청(2015b), 이승윤·이정아·백승호(2016).

이 거의 두 배인 25~29세의 소비지출은 불과 10만 원 높을 뿐이다. 대부분 소비 항목에서 근로소득이 높은 이 연령대의 지출이 높게 나타나지만 주거 및 수도·광열비 지출은 19~24세 연령 구간에서 더 많다. 물론 연령을 불문하고 12개 소비 항목 중 주거 및 수도·광열비가 가장 큰 비중을 차지하고 있다. 그러나 월세 평가액을 산출하면 전 연령 평균 약 46만 원, 19~24세는 36만 원, 25~29세는 48만 원이므로, 19~24세의 상대적으로 높은 주거비 지출액은 주거에 대한 높은 소비성향 때문이 아니라 자산이 없다는 데 기인한다고 볼 수 있다. 월세 평가액과 실제 주거비의 차이가 없기 때문이다.

3. 누가, 얼마나 불안정한가

이 책에서는 청년 노동시장의 불안정성을 분석하기 위해 한국노동패널조사 5차(2002년)부터 17차(2014년)까지의 자료를 활용했다. 한국노동패널조사는 비농촌 지역에 거주하는 가구 및 가구원을 표본으로 하여 연 1회 경제활동 및 노동시장 이동, 소득 활동 및 소비, 교육 및 직업훈련, 사회생활 등에 대해 추적 조사하는 종단면 조사이다. 1998년 처음 시작된 이 조사는 현재 2016년 19차 조사까지 완료되었으며 2017년 1월에 18차 자료까지 공개되었다. 특히 이 조사는 임금노동자뿐만 아니라 비임금노동자와 비경제활동인구의 자료도 포함하기에 노동시장 연구에 폭넓게 활용되고 있다.

이 연구의 분석 대상은 만 19~34세의 청년 중 순수 비경제활동인구만을 제외한 청년이다. 따라서 취업자 외에도 노동시장에 진입

표 4-2 | 한국 청년들의 경제활동 상태 (단위 : %)

		2002년			2014년		
		합계	남성	여성	합계	남성	여성
경제활동상태	취업	52.5	28.7	23.8	50.8	24.8	26.1
	실업	2.1	1.1	1.0	3.0	1.7	1.3
	잠재 실업 및 장기 실업	5.0	2.8	2.1	11.8	5.9	5.8
	비경제활동	40.4	15.6	24.8	34.5	14.3	20.2
취업 형태	임금노동자	87.3	47.5	39.9	93.3	44.5	48.8
	비임금노동자	12.7	7.2	5.5	6.7	4.2	2.5
종사상 지위	상용직	74.1	40.7	33.3	76.0	36.7	39.3
	임시직	10.0	4.4	5.7	15.0	6.9	8.1
	일용직	3.3	2.4	0.9	1.9	0.9	1.1
	고용주/자영업자	9.3	6.0	3.4	5.7	3.4	2.3
	무급 가족 종사자	3.3	1.2	2.1	1.4	0.9	0.5
산업	농림·어업	0.8	0.7	0.1	0.2	0.2	0.01
	제조업	27.5	19.9	7.6	24.7	18.7	6.1
	서비스업	71.7	33.7	38.0	75.0	29.8	45.2
직업	관리자	17.4	7.1	10.3	24.8	9.9	14.9
	전문가	13.9	7.2	6.7	18.0	9.4	8.6
	기술공 및 준전문가	24.6	10.3	14.3	23.7	7.0	16.7
	사무 종사자	8.4	4.3	4.1	7.6	3.3	4.4
	서비스 종사자	10.3	4.4	5.9	7.7	3.1	4.7
	판매 종사자	0.6	0.6	0.1	0.2	0.2	0.0
	농업 및 어업 숙련 종사자	8.2	7.1	1.1	5.5	5.0	0.5
	기능원 및 관련 기능 종사자	10.3	8.3	2.0	7.7	6.9	0.8
	장치, 기계 조작 및 조립 종사자	5.7	4.6	1.1	4.6	4.0	0.7
	단순 노무 종사자	5.67	4.6	1.08	4.64	3.97	0.67

하지 못했거나 배제된 장기 실업자와 잠재적 실업자를 분석에 포함했다. 노동시장에 참여하지 못할 경우에는 고용계약이 가져오는 안정성은 물론이고 소득과 사회보험의 측면에서도 안정성이 보장될 수 없기 때문에, 청년의 불안정성을 분석하기 위해서라면 이 집단을 배제하지 않아야만 현재 한국의 청년이 처한 현실을 제대로 파악할 수

있다. 잠재 실업자는 실망 실업자, 구직 단념자, 취업 준비자 등이다. 이들은 고용과 소득에서 모두 불안정한 것으로 간주했다. 사회보험의 경우 건강보험은 법적 포괄율이 1백 퍼센트에 가깝기 때문에 건강보험에서는 불안정하다고 볼 수 없지만, 고용보험과 산재보험에서는 미취업자이므로 배제되어 있고, 국민연금 역시 미취업 상태에서 가입 및 납부율이 높지 않기 때문에 최종적으로 잠재 실업자들의 사회보험은 불안정한 것으로 간주했다.

먼저 청년들의 경제활동 상태를 살펴보면 〈표 4-2〉와 같다. 청년들의 경제활동 상태는 2002년과 2014년 각각 취업자 중 임금노동자 비율이 87퍼센트와 93퍼센트 이상으로 가장 높았다. 2014년에는 비임금노동자의 비율이 6퍼센트포인트 감소한 것으로 나타났다. 반면에 잠재 실업자의 증가에 주목할 만한데, 2002년 전체 인구의 5퍼센트에서, 2014년에는 11.8퍼센트로 증가했다. 한국 청년의 문제는 노동시장 내에서 비정규 일자리에 따른 문제뿐만 아니라 취업 준비생, 구직 단념자 등 잠재 실업자들이 겪는 문제 역시 심화될 수 있음을 보여 주는 결과이다. 종사상 지위를 보면, 상용직이 소폭 증가한 가운데, 임시직이 5퍼센트포인트나 증가했다. 다른 인구 집단과 마찬가지로 청년들은 서비스업에서 70퍼센트 이상이 일하고 있었다. 그리고 2002년에 비해 남성들의 서비스업 종사 비율은 4퍼센트포인트 감소한 반면, 여성 청년의 경우 7퍼센트포인트 증가한 것으로 나타났다. 직업의 관점에서 보면, 청년들은 고숙련 직업인 관리자, 전문가 기술공 및 준전문가 직종과 저숙련 직종인 서비스 종사자와 기능원 및 관련 기능 종사자의 비율이 높았다. 청년들의 수직적 직업 계층 분할이 나타나고 있었다.

표 4-3 │ 불안정성 속성별 규모

		2002년			2014년		
		고용	임금/소득	사회보험	고용	임금/소득	사회보험
	합계	49.43	31.82	58.67	47.52	35.08	39.96
성	남성	28.91	14.89	28.83	25.83	16.80	19.92
	여성	20.52	16.92	29.84	21.69	18.27	20.04
연령	19~24세	12.72	12.89	16.80	14.84	14.02	13.25
	25~29세	15.92	10.23	20.05	18.07	13.96	14.37
	30~34세	20.79	8.70	21.81	14.62	7.10	12.34
학력	고졸	19.44	15.54	25.61	5.00	3.83	8.46
	대졸 이상	25.23	9.82	33.10	30.42	16.26	31.49

주 : 100 = 전체 청년 취업자 + 잠재 실업자. 학력 항목에서 중졸 등 다른 항목을 표기하지 않음.

다음으로 〈표 4-3〉은 노동 불안정성을 구성하는 세 가지 측면인 고용, 임금/소득, 사회보험 각각에서 불안정성의 규모가 어떻게 변화되고 있는지를 보여 주고 있다. 전체적으로 고용과 사회보험의 불안정성은 감소한 반면 임금/소득의 불안정성은 증가한 것으로 나타났다. 특히 사회보험의 불안정성은 2002년 58.67퍼센트에서 2014년 39.96퍼센트로 크게 줄었다. 잠재 실업자의 경우 2002년과 2014년 모두 사회보험 측면은 불안정한 것으로 간주되었기 때문에 여기서 나타난 사회보험 불안정성의 규모 감소는 잠재 실업자를 제외한 취업자의 사회보험 배제 규모가 큰 폭으로 줄어든 것이라 볼 수 있다. 이는 사회보험의 포괄 범위 확대 등 제도 개혁에서 기인한 것으로 판단된다.

또한 고용과 임금/소득 모두 불안정한 것으로 측정된 잠재 실업자의 비율이 2014년에 크게 증가했음에도 고용의 불안정성은 감소한 반면에 임금/소득의 불안정성이 증가한 이유는 고용 측면에서는 취업자의 불안정성 감소 폭이 잠재 실업자의 증가 폭보다 컸다는 의미이며, 임금/소득 측면에서는 취업자의 불안정성 감소 폭이 잠재 실업자의 증가 폭보다 작았다는 의미이다. 즉 청년 취업자들의 고용 불안정성 감소가 잠재 실업자의 증가 폭을 상쇄해 소득 불안정을 줄일 만큼 청년들의 임금/소득 증가로 이어지지는 않았다고 할 수 있다. 이는 기존의 고용 중심적 접근이 청년 고용을 충분히 유인하지 못하고 있으며, 이런 접근만으로는 청년 노동시장의 불안정성을 해소하는 데 한계를 가질 수 있음을 보여 주는 결과라 할 만하다.

한편 청년 노동시장의 불안정성을 성·연령·학력별로 구분해 살펴보면 다음과 같다. 고용 불안정성의 경우, 남성의 고용 불안정성은 2002년에 비해 2014년에 다소 줄어든 반면, 여성의 고용 불안정성은 소폭 증가했고, 연령 계층별로 보면 30~34세의 고용 불안정성은 감소한 반면에 나머지 연령 계층의 고용 불안정성은 증가한 것으로 나타났다. 학력의 경우 고졸 이하의 고용 불안정성은 대폭 줄었지만, 대졸 이상의 고용 불안정성은 확대되고 있었다. 임금/소득의 경우 30~34세 및 고졸 이하의 경우 불안정성이 감소하고 있었으나, 나머지 집단들에서의 임금/소득 불안정성은 증가했다. 종합하면, 여성, 29세 미만 청년들과 대졸 이상 고학력자들의 고용 및 임금/소득 불안정성이 지난 10여 년간 확대된 것으로 나타났다.

세 번째로 고용, 임금/소득, 그리고 사회보험 세 요인을 종합적으로 고려한 청년 노동시장의 불안정성 분석 결과는 〈그림 4-7〉과 같다. 전체적으로 2002년에 비해 2014년에 불안정 그룹과 '다소 불안정' 그룹의 규모는 줄어들었고 '매우 불안정' 그룹과 '불안정하지 않

그림 4-7 | 노동 불안정성 속성별, 성별, 연도별 규모 변화

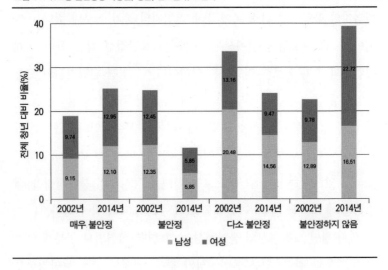

음' 그룹의 규모가 증가했다. 2002년의 불안정성이 역U자 형태였다면, 2014년에는 U자형으로 불안정성 분포가 바뀌었다. 청년 노동시장의 불안정성이 양극화되는 경향을 볼 수 있다. 특히 이런 노동시장의 양극화는 여성에게서 더 두드러지게 나타나고 있었다.

앞서 제시된 결과를 좀 더 세부적으로 검토하기 위해 고용·임금/소득·사회보험 세 가지 요인으로 이루어진 총 여덟 가지 불안정 노동 유형의 규모 변화를 분석했다. 〈표 4-4〉를 보면 고용과 사회보험 두 가지가 불안정한 그룹(EwS)이 2002년 16.36퍼센트에서 2014년 6.93퍼센트로 크게 감소했음을 알 수 있다. 이 결과는 2004년 이후 한국의 사회보험이 확대되어 왔기 때문이다. 2004년 사회보험만 불안정했던 그룹(ewS)의 비율이 16.79퍼센트였는데 2014년에는 8.69

표 4-4 | 여덟 가지 불안정 노동 유형별 규모 변화

유형	조합	2002년			2014년		
		합계	남성	여성	합계	남성	여성
매우 불안정	EWS	18.89	9.15	9.74	25.04	12.10	12.95
불안정	eWS	6.62	2.75	3.87	2.74	1.41	1.33
	EwS	16.36	8.82	7.53	6.93	3.56	3.37
	EWs	1.82	0.78	1.05	2.03	0.89	1.14
다소 불안정	ewS	16.79	8.11	8.69	5.24	2.86	2.39
	eWs	4.48	2.21	2.26	5.27	2.41	2.85
	Ews	12.36	10.16	2.20	13.52	9.29	4.23
불안정하지 않음	ews	22.67	12.89	9.78	39.23	16.51	22.72

퍼센트로 크게 감소했다는 사실에서 이를 확인할 수 있다.

그렇다면 고용과 사회보험이 불안정한 그룹(EwS)과 사회보험만 불안정한 그룹(ewS)에서 빠져나간 청년들은 어떤 불안정 유형으로 이동했는가? 분석 결과, 2002년 EwS 유형은 절반 가까이가 2014년에도 EwS에 속해 있었고, 나머지의 20퍼센트 가까이가 세 가지 모두 불안정한 그룹인 EWS로 이동하는 것으로 나타났다. 즉 2014년 EWS 그룹이 7퍼센트포인트 가까이 증가했는데, 이는 주로 2002년 EwS에 속해 있던 청년들이 임금/소득이 불안정해지면서 세 가지 모두 불안정한 유형으로 이동한 것이 주요 요인이라 할 수 있다. 따라서 청년 노동시장에서 매우 불안정한 그룹의 증가는 주로 소득 불안정성의 증가에 기인한다고 할 수 있다.

반면에 2002년에는 사회보험만 불안정했던 ewS 그룹은 2002년 16.79퍼센트에서 2014년 5.24퍼센트로 크게 감소했는데, 분석 결과, 이런 변화는 세 가지 모두 불안정하지 않은 ews 그룹의 증가에

영향을 미친 것으로 나타났다. 앞서 설명했듯이, 사회보험은 지속적인 제도 개선으로 청년 노동시장의 불안정성을 감소시키는 데 기여해 왔다. 이렇듯 한편으로는 임금/소득의 불안정성이 증가하고, 다른 한편으로는 사회보험의 개선이 이루어지면서, 청년 노동시장에서 외부자 집단의 불안정성이 확대되고 사회보험에 포괄되는 내부자 집단의 불안정성은 감소됨으로써 청년 노동시장의 불안정성은 U자 형태로 양극화되고 있는 것으로 보인다.

추가적으로 어떤 집단이 노동시장 불안정성에 직면할 확률이 높은지를 통계적으로 확인하기 위해 비경제활동인구인 잠재 실업자를 포함한 분석과 취업자만을 대상으로 한 분석을 나누어 패널 로짓 분석을 실시했다.

잠재 실업자를 포함해 분석한 결과, 남성이 여성보다 1.4배 정도 불안정한 집단에 속할 가능성이 컸다. 이런 결과는 여러 가지로 해석될 수 있다. 우선 여성 청년들의 경우 좋은 일자리의 취업이 보장되지 않을 때 노동시장에 진입하지 않거나, 노동시장에 남아 있기보다는 비경제활동인구로 노동시장을 이탈하는 경우가 많기 때문일 수 있다. 반면에 남성 청년들의 경우 불안정한 일자리에라도 진입하거나 남아 있을 가능성이 크다. 실제 노동패널 자료에서도 2002년에 비해 2014년에 여성 청년 중 잠재 실업자를 제외한 순수 비경제활동인구가 남성 청년보다 더 증가했다. 또한 〈그림 4-7〉에서 살펴보았듯이, 이런 결과는 불안정하지 않은 여성 집단의 비율이 2002년에 비해 급격하게 증가한 것과도 관련된다. 특히 한국은 여성의 노동시장 참여를 연령대별로 보았을 때 M자형 곡선이 나타나는데, 이 연구의 분석 대상인 34세까지의 여성 청년들은 결혼·출산·양육 등으로

30세 전후에서 노동시장에서 이탈해 버리기도 하는 반면, 남성 청년들은 이 시기에도 노동시장에서 이탈하지 않는다. 그러나 이런 분석 결과를 바탕으로 여성 청년의 불안정성 수준이 낮다고 평가할 수는 없다. 노동시장에서 불안정성의 양극화 현상이 여성들에게서 전형적으로 나타나고 있기 때문이다. 한편, 연령의 경우 19~24세 인구 집단이 불안정 집단에 속할 가능성이 가장 컸고, 학력은 대졸 이상보다 고졸 이하의 경우가 불안정 집단에 속할 가능성이 크게 나타났다.

다음으로 취업자만을 대상으로 분석한 결과, 성·연령·학력 변수의 결과는 잠재 실업자를 포함한 분석 결과와 비슷한 양상을 보였다. 기업 규모의 경우에는 종업원 네 명 이하 소규모 기업 종사자인 경우 불안정할 확률이 가장 높았다. 직업으로는 단순 노무 종사자, 서비스직 종사자, 판매 종사자 등에서 불안정 확률이 높았다. 산업으로는 교육 서비스업, 숙박·음식업, 전기·가스 및 수도 사업 등에서 불안정 집단에 속할 확률이 통계적으로 유의미하게 높았다. 이 외에도 분석 결과표에는 제시되어 있지 않지만, 건설업, 도소매업, 기타 공공 수리 및 개인 서비스업, 사업 서비스업 등에서도 불안정 집단에 속할 확률이 높게 나타났다.

5. 소결

전체적으로 '불안정한' 청년과 '다소 불안정한' 청년의 규모는 줄었지만, '매우 불안정한' 청년과 '불안정하지 않은' 청년의 규모가 증가해 청년 노동시장의 불안정성이 양극화되는 경향을 볼 수 있었다.

청년들의 불안정성에는 소득 불안정이 큰 영향을 미치고 있는 것으로 분석되었다. 한편, 청년들의 불안정 집단에 속할 확률에 대한 패널 로짓 분석 결과, 남성 청년, 저연령, 저학력일수록 불안정 집단에 속할 확률이 높았고, 직업으로는 단순 노무 종사자, 서비스직 종사자, 판매 종사자, 산업으로는 교육 서비스업, 숙박·음식업, 전기·가스 및 수도 사업에서 불안정 집단에 속할 확률이 높았다.

특히 단순 노무 종사자의 불안정할 가능성이 가장 높은데, 이런 직업은 일자리 질이 낮고 진입 장벽이 낮아 청년들이 많이 분포하기 때문에 앞으로 단순한 고용 촉진 위주의 일자리 정책에 대한 실효성을 재고할 필요가 있다. 또한 노동시장에서 가장 불안정하고 열악한 환경에 노출될 가능성이 큰 집단으로 네 명 이하의 소규모 기업 종사자를 들 수 있는데, 이를 고려하면 중소기업 인턴제 같은 취업 촉진 정책 역시 면밀히 재고할 필요가 있다. 또한 산업의 경우, 숙박·음식업과 더불어 교육 서비스업의 불안정 가능성이 크게 나타난 것 역시, 현재 사회 서비스가 확대되는 상황에서 일자리 질의 개선에 대한 논의가 우선 필요하다는 점을 보여 준다.

이미 한국 사회에서는 전통적 산업사회와는 전혀 다른 노동시장 및 일의 재구조화가 진행되고 있는데, 청년들은 이런 변화를 가장 앞에서 경험하고 있기 때문에 청년의 문제에 대한 접근은 이런 새로운 변화에 맞게 구상되어야 한다. 하지만 현재 청년 대상 정책은 여전히 청년 문제의 해법을 청년 고용에 집중해 찾고 있다. 다시 말해, 청년들의 불안정한 삶의 문제는 전적으로 일을 하지 못함으로써 발생하는 문제라고 보는 시각이 지배적이라 할 수 있다. '청년 생활보장'이라는 개념은 여전히 생소하게 여겨질 뿐 거의 논의되지 않고, 청년들의 불안정성 문제에 대한 해결책은 주로 단기 고용을 제공하는 인턴제를 비롯한 고용정책에 집중되어 왔다.

그러나 앞서 설명했듯이 한국 청년 노동시장에서 보이는 여러 불안정성 측면들이 이제 한국 사회가 새로운 복지 정책의 설계를 구상할 때라는 것을 반증한다. 청년들의 삶의 불안정성 문제를 해소하고자 하는 기존의 청년 관련 정책은 단기적 성과 중심의 정책이 대부분이었고, 실업·일자리와 관련된 정책이 주류였다. 청년 대상 정책은 2003년 '청년 실업 종합 대책'을 시작으로 2005년, 2008년 '청년 고용 촉진 대책', 2009년 '청년 고용 추가 대책', 2014년 '청년 고용 촉진 특별법 및 시행령', 2015년 '청년 고용 절벽 종합 대책'으로 이어졌지만, 세부적인 지원 내용은 큰 차이가 없었다(김성희 2015). 또한 지금까지 청년을 대상으로 한 정책적 접근은 주로 노동 수요 측면의 임금 보조 방식에 국한되었다. 청년들에게서 확대되고 있는 고용 및 일의 형태의 불안정성은 장기적으로 한국 복지국가의 성장 및 지속 가능성을 심각하게 위협하는 요인으로 작용할 것이다. 이는 장차 사회불안과 노인 빈곤으로까지 이어질 수 있기에 청년 노동시장의 불안정성을 분석하고 현 사회구조에 적합한 제도를 설계하는 것은 매우 시급한 과제이다. 이제 청년이 시민사회의 구성원으로서 기본적인 생활보장을 받을 수 있도록 국가는 이들의 사회권을 보장해야 한다.

5장

한국 여성 불안정 노동자

2015년 기준 한국 여성의 경제활동 참가율은 51.8퍼센트, 남성의 경우 73.8퍼센트이다. 여성의 경제활동 참가율은 1990년대 후반 이후 50퍼센트 전후 수준을 유지해 왔으며 최근 소폭 증가세를 보이고 있다. 그럼에도 남녀 경제활동 참가율은 20퍼센트포인트 이상의 차이를 보여 왔다. 한국 여성의 학력별 경제활동 참가 패턴을 살펴보면, 대부분의 국가에서 학력이 높아질수록 남녀 간 경제활동 참가율의 격차가 줄어드는 데 비해, 한국은 저학력 남녀의 경제활동 참가율 차이보다 고학력 남녀의 경제활동 참가율의 격차가 더 크다. 또한 고학력 여성보다 저학력 여성의 경제활동 참가율이 높다. 여성 인력의 상당수가 낮은 지위와 저임금을 특징으로 하는 불안정한 직종에 집중되어 종사하고 있다고 추측할 만하다(한유미·정효정 2005).

또한 한국 여성의 경제활동 참가 패턴은 전형적인 M자형을 보인다(황수경 2003). 여성들의 경제활동 참가율은 15세 이후로 증가하다가 20~29세에 정점을 찍은 뒤, 30~39세의 연령대에서는 출산·육아로 말미암아 노동시장을 이탈함에 따라 감소한다. 그러나 40대에 들어서며 경제활동 참가율이 다시 상승하고, 이후 연령이 증가할수록 경제활동 참가율은 감소하는 M자형 곡선을 그린다. 이런 M자형 쌍봉 구조는 선진국에서는 1960~70년대까지 관찰되었지만 1980년대 이후부터는 점차 사라졌다. 스웨덴의 경우 1970년대 이후 여성의 경제활동 참가율에서 쌍봉 구조가 사라지기 시작했고, 미국에서도 1980년대 이후부터는 여성의 연령별 경제활동 참가 구조가 남성과 유사한 역U자형을 띠기 시작했다. OECD 국가 중 한국과 일본만이 여성의 연령별 경제활동 참가율 구조에서 쌍봉 구조가 남아 있다(황수경 2003). 한국 여성은 여전히 남성 및 다른 국가의 여성들과 달리 일과 가정의 양립이라는 이중 부담 상황에 놓여 있다.

그럼에도 이중 부담을 완화시킬 한국 복지국가의 제도적 장치들은 여전히 미흡하다. 기존 연구들을 살펴보면, 관대한 일·가정 양립 정책은 여성의 경제활동 참가율을 높일 수 있다는 것이 일반적인 주장이다. 그러나 가족정책 예산이 확대되었음에도, 한국의 여성 경제활동 참가율이 1990년대 이후 수십 년간 정체되어 있다는 사실이야말로 한국 복지국가의 일·가정 양립 정책들이 작동하고 있지 않음을 드러낸다.

특히 노동시장 환경이 여성들에게 친화적이지 않다는 데 주목할 필요가 있다. 표준적 고용 관계에서의 이탈은 남성과 여성에서 다르게 나타난다. 여성들이 수행하는 일자리의 종류는 단시간 저임금인 경우가 많고, 사회적 급여도 제한이 많다. 결국 여성들은 여전히 남성들보다 불안정 노동에 노출될 확률이 높다(Evans & Gibb 2009). 그리고 시간제 일자리와 비공식 불안정 노동에는 여성들의 불균형한 집중이 지속되고 있다(ILO 2011). 성별 임금격차는 여전하며(임정준 2010; 성효용 2012), 여성들의 비정규직 상태 의존성은 남성의 두 배 가까이 높다(김우영·권현지 2008).

또한 남녀 간에는 산업과 직종에 따른 구조적인 차이가 존재한다(정상진 2005; 성효용 2012). 여성들은 주로 서비스 및 판매직, 단순 노무직에서 취업자 비중이 높고, 관리자의 비중은 낮다. 여성과 남성의 승진율 차이를 한국 기업 문화에 존재하는 성별 직무 분리 관행으로 설명한 박기남(2001)은 한국 대기업의 경우 남성은 핵심 부서에서 제너럴리스트로, 여성은 지원 부서에서 스페셜리스트로 육성되는 식의 성별 직무 분리 관행이 있다고 지적한다. 이로 말미암아 여성들은 조직의 상위 계층(관리직)으로 진입할 때 승진의 제약을 받는다는 것이다.

과거에 비해 여성 역할에 혁명적인 변화가 진행되어 왔지만 이는 미완의 혁명으로 남아 있다(Esping-Andersen 2009). 한국은 특히 더 그렇다. 여성 고용률은 정체되어 있고, 이를 해결할 수 있는 제도적 지원은 여전히 미흡하다. 2013년 가족에 대한 사회 지출은 GDP 대비 1.1퍼센트 수준에 불과해 OECD 국가 가운데 최하위권에 머물러 있다. GDP 대비 가족에 대한 사회 지출이 1990년 0.03퍼센트였던 데 비하면 급속하게 증가했음에도 여성 고용률은 지난 20여 년 동안 50퍼센트 전후로 정체되어 있었다. 또한 대다수의 여성들은 출산휴가 급여, 육아휴직, 여성의 경력 단절 등에 관한 정책들을 원하고 있음에도 가족 지출 가운데 양육 지원 비율이 가장 컸다(Baek & Lee 2014). 노동시장에서 여성의 불안정성은 한국 노동시장의 젠더화를 더욱 악화시키고 있다. 이 장에서는 여성의 노동시장 불안정성을 집중적으로 검토하고자 한다.

1. 서비스 경제와 여성 노동시장의 불안정성

지난 30여 년간 서구 노동시장에서 나타난 주요 변화를, 산업사회에서 서비스 경제로의 전환과 여성 노동시장 참여의 확대로 요약할 수 있다. 서비스 경제로의 구조적 변화는 표준적 고용 관계를 해체시켰고, 불안정 노동의 일상화를 가져왔다(백승호 2014; Baek & Lee 2015; 이주희 2011; Kalleberg 2000, 2009; Bosch 2004; Castel 2003). 그에 따라 산업사회와는 다른 새로운 형태의 노동시장 분절화·이중화·양극화가 진행되어 왔다(Esping-Andersen 1999; Emmenegger et al. 2012; Oesch 2006b; Standing 2009 등). 특히 표준적 고용 관계가 해체됨에 따라 확대되어 온 단시간 저임금 일자리, 시간제 일자리와 비공식 부문 일자리 등 불안정한 노동에 여성들이 노출될 확률은 남성들보다 높기 때문에(Evans & Gibb 2009) 여성들이 불안정 노동에 불균형적으로 집중되었다(ILO 2011; 19; Vosko, MacDonald & Campbell 2009; Esping-Andersen 1993; Ragin 2000; Blossfeld 1987).

다음으로 여성들의 노동시장 참여 증가는 산업사회가 서비스 경제 사회로 전환하는 원인이자 결과로서 중요한 의미를 갖는다(ILO 2011; Vosko 2009; Vosko, MacDonald & Campbell 2009). 여성들의 경제활동 참여가 늘어난 공급 측면의 이유로는, 여성들의 높아진 교육 수준, 사회 서비스에 대한 집합적 수요의 증가, 여성 평등 인식의 확대 등으로 설명할 수 있다(Oesch 2006b, 33). 수요 측면에서 보면 서비스 일자리의 증가로 말미암아 여성들의 일자리 기회가 확대된 데서도 그 원인을 찾을 수 있다(Esping-Andersen 1993).

또한 기업들은 특정한 '여성적 기술'이 가장 유용하게 쓰이는 분야에 여성들을 고용함으로써 이윤을 얻고자 한다(Beck-Gernsheim & Ostner

1978). 이런 이유로 여성들은 일의 작업 방식이 '여성적 문화'에 가까운 서비스 직종에 취업하는 경향이 있다. 이와 동시에 가족이 담당해왔던 일들이 시장 영역으로 통합되어 가면서, 교육과 건강, 개인 서비스 부문의 일자리들이 늘어나고, 더 많은 여성들이 대인 서비스 작업 방식을 갖는 직종에 집중되었다(Blossfeld 1987; Esping-Andersen 1993; Ragin 2000). 대인 서비스 직업이 주로 여성 고용을 통해 채워진다는 것은 여성 노동시장의 불안정성이 그만큼 확대되고 있음을 의미한다. 이런 서비스 부문은 저숙련, 저임금, 불안정 고용을 특징으로 하기 때문이다. 결국 여성들의 불안정한 삶은 '불안정성의 젠더화'라는 용어로 요약될 만큼 일상화되었다(Vosko 2009).

이런 노동시장의 변화 경향에서 한국도 예외가 아니며, 많은 연구들이 여성 노동시장 불안정성의 젠더화에 주목해 왔다. 한국의 경제 발전 과정에서 여성의 역할은 매우 중요했다. 1960년대와 1970년대 경공업 발전 과정에서 농촌 출신의 젊은 미혼 여성의 노동력은 중요한 자원이었다. 1980년대 이후에는 저임금을 받고 일하는 미혼 여성 노동력이 부족해지면서, 기혼 여성 노동력이 새로운 노동력 공급원으로서 한국의 경제 발전을 이끌어 왔다(김미숙 2006). 이 시기 기혼 여성의 경제활동 참가 증가율은 남성이나 미혼 여성과 비교할 때 높은 수준이었다. 특히 판매 서비스직이나 생산직에 종사하는 비율이 늘어나기 시작했다(한국여성개발원 1992).

1987년 노동자 대투쟁 이후 노동조합운동이 활성화됨에 따라, 이에 대응하고자 기업은 신경영 전략을 채택하고 이원화된 구조로 인사를 관리하는 관행이 등장하기 시작했는데, 이는 기혼 여성 노동력 활성화와 연관이 있었다. 1980년대 말부터 기업은 여성, 중·고령자,

청년 등 유휴노동력을 활용하고자 했으며(김미숙 2006), 경제 위기 이전까지 여성의 경제활동 참여가 증가하고 있었지만, 결혼과 출산기 연령 여성들의 경제활동은 낮은 수준이었다(강현아 1996). 1990년대 초중반까지 기혼 여성의 비정규직 노동 공급이 증가했고(김유선 2003), 1990년대 중반 이후 여성 노동자의 증가는 임시직 및 일용직을 중심으로 이루어졌다(금재호 2000). 즉 유휴노동력의 차원에서 동원되기 시작한 여성 노동력의 증가는 비정규직에 여성이 집중되면서 불안정성의 젠더화를 확대했다(이승윤·안주영·김유휘 2016).

경제활동인구조사 부가조사의 자료에 따르면(<표 5-1> 참조), 2016년 3월 기준 비정규직은 임금노동자의 43.6퍼센트를 차지하고 있었다. 비정규직 중에서 여성은 54.5퍼센트로 남성보다 약 10퍼센트포인트 높은 비중을 차지하고 있었다. 성별로 보면, 남자는 비정규직이 35.3퍼센트에 불과했지만, 여성들 중에서 비정규직의 비율은 54.3퍼센트로 절반 이상의 여성들이 비정규직에 종사하고 있었다(김유선 2016, 5). 비정규직 고용 유형들을 살펴보면, 남녀 모두에서 임시 근로의 비중이 가장 높았고, 그 구성 비중에서도 남녀 간 차이는 거의 없는 것으로 나타났다. 그리고 비정규직 여성들 중에는 시간제 근로와 특수 고용 종사자의 비율이 비정규직 남성들보다 두 배 가까이 높게 나타났다. 반면에 호출 근로 종사자의 비중은 여성보다 남성에서 세 배 가까이 높았다.

그렇다면 왜 한국 여성들의 고용 불안정성 수준은 개선되고 있지 않을까? 그 원인은 한국에서 1990년대 후반부터 진행된 노동시장 유연화 정책 및 기업의 노동비용 절감 전략과 밀접하게 관련되어 있다(이승윤·안주영·김유휘 2016). 한국에서는 1990년대 후반부터 노동시장 유연

표 5-1 | 성별 비정규직 규모 (2016년 3월)

		비중(%)			분포	
		전체	남성	여성	남성	여성
임금노동자		100.0	100.0	100.0	56.2	43.8
정규직		56.4	64.7	45.7	64.5	35.5
비정규직		43.6	35.3	54.3	45.5	54.5

비정규직 유형 구분		비중(%)			분포	
		전체	남성	여성	남성	여성
		100.0	100.0	100.0	45.5	54.5
고용계약	임시 근로	96.1	96.7	95.6	45.8	54.2
	장기 임시 근로	54.2	53.4	54.8	44.9	55.1
	한시 근로	42.0	43.3	40.9	46.9	53.1
	기간제	33.5	34.3	32.8	46.7	53.3
근로시간	시간제 근로	26.5	15.8	35.4	27.2	72.8
비전형 근로	호출 근로	9.0	14.1	4.8	71.2	28.8
	특수 고용	6.0	3.8	7.8	28.7	71.3
	파견·용역	10.9	11.7	10.1	49.2	50.8
	파견	2.6	2.4	2.8	41.7	58.3
	용역	8.3	9.4	7.3	51.6	48.4
	가내 근로	0.5	0.1	0.9	11.4	88.6

주 : 각 구분별 노동자가 일부 중복됨에 따라 구분별 노동자 규모와 비중의 합계가 불일치함.
자료 : 이승윤·안주영·김유휘(2016), 김유선(2016).

화 정책이 확산되었다. 그러나 2000년대 중반 이후 비정규직 보호 정책이 마련되면서 비정규직 노동자들을 제도적 보호의 영역으로 포함시키려는 시도가 진행되어 왔다. 그 일환으로 2007년 기간제법이 만들어졌다.

그러나 입법 취지와 달리 사용자는 2년의 근로 기간이 지난 계약직 노동자와의 계약을 해지하거나, 기간제 계약을 반복하거나, 업무를 외주화하는 방법을 선택함으로써 노동비용을 절감하려 했다(남우근

2007). 비록 비정규직에서 정규직으로 전환되는 경우에도 무기 계약직이나 하위 직급 정규직화와 같은 방식이 활용되었다. 즉 사용자들은 비정규직 노동자의 권리를 강화하고자 했던 이 법령에 대응해 별도 직군을 만들거나 외주화하는 방법과 같은 노동 관행을 활용했다. 특히 이 과정에서 전통적으로 여성이 수행했던 일과 관련성이 높은 업무들을 외주 용역 혹은 무기 계약화하거나 여성들에게는 차등적인 고용계약을 적용하는 경우가 많았다(박옥주·손승영 2012; 이주희 2008). 여성 집중 직종으로 여겨지는 사무직과 판매 서비스직에서는 무기 계약직으로 전환된 여성의 경우 임금이나 승진 가능성에서 제한이 있고 노동조건이 열악한 것으로 나타났다(박옥주·손승영 2011; 이주희 2008). 기간제법 적용 과정에서 여성들이 담당하는, 직무의 숙련 정도가 낮다고 판단되면 낮은 처우의 무기 계약직으로 전환되는 사례가 발견되었는데, 조순경(2008)은 이를 과거 성차별에서 기인한 것이라 보았다.

이상과 같은 노동시장의 비정규직화, 성 분절화와 관련된 기존 연구들은 비정규직이라는 고용 형태를 불안정 노동과 동일하게 간주하는 경향이 있었다. 그러나 이 책에서는 고용 형태뿐만 아니라 소득·사회보장 등의 영역에서도 불안정성이 일상화되고 있다는 점을 강조한다. 따라서 여성 노동시장에 대한 분석도 고용 형태를 넘어서서 불안정성을 더욱 통합적으로 고려할 필요가 있다. 다음 절에서는 고용의 불안정성뿐만 아니라, 소득과 사회적 보호에서의 불안정성을 종합적으로 고려해 한국 여성 노동시장의 불안정성을 분석한 결과를 보여 주고 있다.

3. 한국의 여성 불안정 노동시장 분석

1) 여성 경제활동 참여의 특성

여성 노동시장 불안정성 분석 방법은 3장에 자세히 제시되어 있다. 분석에 사용한 자료는 한국노동패널 자료이며, 임금노동자와 자영업 등 비임금노동자를 모두 분석에 포함했다. 한국노동패널 자료에 기초한 분석 결과, 성별 경제활동 참가 양상은 〈표 5-2〉와 같다. 표를 보면 여성들 중에서 취업한 사람의 비율은 여전히 50퍼센트 미만이지만 2002년에 비해 2014년에 소폭 증가한 것을 알 수 있다. 하지만 남성들 중 취업한 사람의 비율이 67퍼센트에 달하는 것과 비교하면, 여전히 절반 이상의 여성들은 노동시장 밖에 존재하고 있다.

취업자만을 대상으로 살펴보았을 때, 지난 10년간 여성들은 비임금노동보다는 임금노동 일자리로 취업하는 비율이 더 증가했다. 그러나 여성 중 임시직의 증가율은 남성 중 임시직의 증가율보다 더 높았다. 이는 여성 노동시장의 질이 지난 10년간 지속적으로 나빠지고 있음을 의미한다. 또한 여성들은 제조업 취업보다는 서비스업 취업이 10퍼센트포인트가량 증가한 것으로 나타났다. 결국 여성들은 서비스업에서의 불안정한 종사상 지위를 감내하며 노동시장에 진입해 왔다고 할 수 있다(Baek & Lee 2014).

이렇듯 여성들에 대한 수요가 저숙련 서비스업에서의 비정규직을 중심으로 형성되면서 여성들은 노동시장 진입을 보류하는 경향을 보인다. 여성들이 '좋은 일자리'의 조건으로 '고용 안정성'을 최우선으로 생각하는 비율은 2006년보다 2013년에 10퍼센트포인트 정도 증

표 5-2 | 성별 경제활동 참가 특성 (단위 : %)

		남성(100)		여성(100)	
		2002년	2014년	2002년	2014년
경제활동 상태	취업	66.2	66.7	42.4	46.4
	실업	2.0	2.0	1.71	1.1
	비경제활동	31.8	31.3	55.9	52.5
일자리 형태	임금노동자	67.2	70.6	67.2	75.5
	비임금노동자	32.8	29.4	32.8	24.5
종사상 지위	상용직	54.2	54.0	49.7	52.0
	임시직	5.1	7.8	11.1	16.9
	일용직	8.0	8.2	6.4	5.73
	고용주/자영업자	31.2	28.7	16.9	15.4
	무급 가족 종사자	1.6	1.4	15.9	9.9
산업	농림·어업	6.3	5.0	7.6	4.8
	제조업	35.9	35.0	20.1	16.0
	서비스업	57.9	60.0	72.3	79.2
직업	관리자	3.2	2.6	0.2	0.9
	전문가	9.2	12.4	11.0	14.8
	기술공 및 준전문가	8.6	10.3	7.6	11.1
	사무 종사자	13.5	14.3	16.1	18.9
	서비스 종사자	6.2	5.8	15.3	17.3
	판매 종사자	9.4	7.0	17.1	11.9
	농업 및 어업 숙련 종사자	4.0	4.6	7.0	4.2
	기능원 및 관련 기능 종사자	16.7	14.4	7.6	4.9
	장치, 기계 조작 및 조립 종사자	16.6	17.1	6.6	4.3
	단순 노무 종사자	10.6	11.4	11.6	11.8

주 : 비율은 15세 이상 여성 중 비율임.

가했는데, 여성 노동시장의 고용 불안정성이 해소되지 못한 탓에 여성들은 일보다는 양육을 선택함으로써 노동시장에 진입하기를 포기하고 있는 것이다(Baek & Lee 2014). 하지만 양육 의무를 마친 여성들은 40~50대에 다시 노동시장에 재진입을 시도하는데, 이들은 주로 저숙련 서비스직 중심으로 형성된 노동시장의 수요를 충족하는 경향을 보인다.

또한 직업의 관점에서 보면, 전통적으로 남성들의 직업군으로 간주되었던 관리직, 전문가 및 준전문가 직업에 여성들의 진출이 증가했다. 물론 여전히 이런 직업군에서는 남성들이 차지하는 비중이 높기는 하지만, 여성들의 교육 수준이 향상되면서 이들의 고숙련 직업 취업이 증가해 왔다고 할 수 있다. 반면에 전통적으로 여성들이 강세였던 서비스 종사자 직업에서는 여전히 여성들의 17퍼센트가 취업해 있는 것으로 나타났다. 2002년에 비해 여성들이 판매 종사자 직업에 취업한 비율은 2014년에 6퍼센트포인트 가까이 감소한 것으로 나타났지만 여전히 여성 비중이 높은 직업군이다.

2) 고용, 임금/소득, 사회보험의 불안정 분석

지금까지는 여성들의 일반적인 경제활동 특성에 대해 살펴보았다. 이제 본격적으로 고용, 소득, 사회보험의 불안정성 지표를 활용해 한국 여성 노동시장의 불안정성에 대해 살펴보고자 한다. 고용, 소득, 사회보험의 불안정성 지표별 여성 불안정 노동자 규모는 〈표 5-3〉과 같다.

고용 불안정성의 경우, 남성 중 고용이 불안정한 노동자의 규모는 2002년 46퍼센트에서 2014년 43퍼센트로 소폭 감소했다. 반면에 여성 중 불안정한 노동자의 비중은 같은 기간 52퍼센트에서 47퍼센트로 5퍼센트포인트 가까이 감소한 것으로 나타났다. 고용 불안정성의 측면에서 보면 여성들 중에 고용이 불안정한 비율이 남성들보다

표 5-3 | 불안정 노동 각 속성별 여성 중 불안정 노동자 비중 (단위 : %)

	2002년	2010년	2014년
고용 불안정	52.2 (45.9)[1]	49.4 (45.8)	46.6 (42.5)
임금/소득 불안정	50.3 (18.1)	51.7 (20.1)	43.1 (17.7)
사회보험 불안정	69.9 (48.1)[2]	63.8 (57.6)	56.7 (57.1)

주 : 1) 괄호 안의 수치는 불안정 노동 각 속성별 남성 중 불안정 노동자 규모.
    2) 2007년도까지 노동패널에서 비임금노동자에 대한 사회보험 가입 여부를 측정하지 않아서 사회보험
       불안정성이 과소평가됨.

다소 더 높았다.

임금 및 소득의 불안정은 남녀 모두에서 2002년 이래 다소 증가하다 최근에 감소 경향을 보이고 있다. 하지만, 남성들의 임금 소득 불안정 비율은 20퍼센트 전후로 낮았지만, 여성들의 경우 임금 소득 불안정 비율이 남성에 비하면 매우 높은 수준으로 유지되고 있었다. 여성들 중 임금/소득 불안정 비율이 2014년 43퍼센트로 감소하기는 했지만, 같은 해 남성의 임금 소득 불안정 비율이 18퍼센트인 것에 비교하면 매우 높은 수준이다. 여성들의 소득 불안정은 저숙련·저임금 서비스직의 여성 집중 현상에 기인한다고 판단되며, 이는 여성의 빈곤화 현상이 심각한 수준임을 보여 주는 결과라 할 수 있다.

마지막으로 사회보험 불안정은 지속적으로 감소해 왔다. 여성들 중 사회보험에서 배제된 비율이 2002년 70퍼센트 수준에서 2014년 57퍼센트 수준으로 크게 감소했다. 그러나 남녀 모두에서 2014년 현재 사회보험 불안정의 규모가 57퍼센트 수준이라는 것은 매우 심각한 현상이다. 한국 사회에서 사회보험이 잘 작동하고 있지 못한 현실을 보여 주는 사례라 할 수 있다.

표 5-4 | 불안정 노동조합별 여성 불안정 노동자 비중 (단위 : %)

	불안정성 조합			2002년	2010년	2014년
	고용 관계	임금/소득	사회보험			
매우 불안정	○	○	○	29.8	27.4	23.1
불안정	×	○	○	8.7	11.2	8.7
	○	×	○	13.4	10.6	10.4
	○	○	×	16.3	5.2	5.2
다소 불안정	×	×	○	17.0	10.0	9.9
	×	○	×	9.5	7.9	6.1
	○	×	×	2.4	6.2	7.8
불안정하지 않음	×	×	×	3.0	21.5	28.7

〈표 5-4〉와 〈그림 5-1〉은 고용, 임금/소득, 사회보험 세 가지로 측정된 불안정성의 조합에 따른 여성 불안정 노동자의 비율을 보여 주고 있다. 〈표 5-4〉는 세 가지 지표의 여덟 가지 조합에 대한 결과를 보여 주고 있고, 〈그림 5-1〉은 이 여덟 가지 조합을 네 가지로 축소해 재구성한 불안정 노동 유형에 대한 결과를 보여 주고 있다. 3장에서 설명했지만, 세 가지 모두 불안정한 유형은 '매우 불안정'Highly Precarious, 두 가지 지표에서 불안정한 유형은 '불안정'Precarious, 한 가지 지표에서 불안정한 유형은 '다소 불안정'Mildly Precarious, 세 가지 모두 불안정하지 않은 유형은 '불안정하지 않음'Not Precarious 유형으로 분류되었다.

우선 세 가지 지표 모두에서, 불안정한 여성 노동자의 비율은 2002년 29.8퍼센트에서 2014년 23.1퍼센트로 감소한 것으로 분석되었다. 그러나 〈그림 5-1〉을 보면, 남성들 중에서 세 가지 지표 모두에서 불안정한 노동자의 비율은 2002년 6.3퍼센트, 2014년 6.8퍼

그림 5-1 | 성별 불안정성 분포

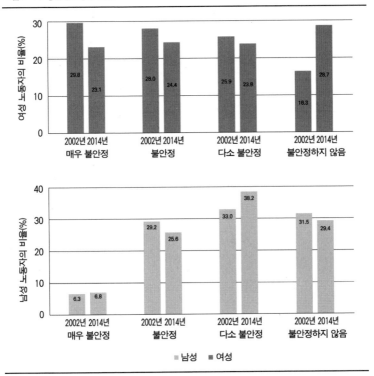

센트에 불과하다. 이 불안정 유형은 불안정성의 심도가 가장 깊은 집단이다. 그런데 남성들보다 여성들에게서 이 불안정 유형의 비중이 4~5배 정도 높다는 것은 한국 노동시장에서 불안정성의 젠더화가 지난 10년 동안 고착화되었음을 보여 주는 결과라 할 수 있다.

반면에 세 가지 지표에서 모두 불안정하지 않은 유형의 비중은 2002년 여성 취업자의 16.3퍼센트에서 2014년 여성 취업자의 29퍼센트 수준으로 급격하게 증가했다. 남성 취업자의 경우, 세 가지 모두 불안정하지 않은 노동자의 비중이 2002년 31퍼센트에서 2014년 29퍼센트로 소폭 감소했다. 이런 결과는 여성 노동시장에서의 불안정성이 양극화되고 있음을 보여 준다. 즉 남성 노동시장은 매우 불안정한 노동자의 비중이 낮고 안정적인 노동자의 비중이 높은 반면, 여성 노동시장에서는 매우 불안정한 여성 노동자의 비중과 안정적인 여성 노동자의 비중이 20퍼센트 중후반 수준으로 비슷하게 양분화되어 있다는 것이다.

이는 직업 분포의 변화 양상과도 맥락을 같이한다. 여성들의 경우 전통적으로 남성 지배적인 직업군으로 분류되었던 전문가 및 준전문가 그룹으로의 노동시장 진입 비중과 저숙련 서비스직으로의 노동시장 진입이 동시에 증가해 왔음을 확인했다. 그 결과 여성 노동시장에서 고용, 임금/소득, 사회보험에서의 불안정성 수준도 양극단으로 이분화되고 있다고 할 수 있다. 한국 노동시장에서 남성보다는 여성 노동시장의 이중화, 불안정 노동의 젠더화가 일반화되고 있음을 보여 준다.

불안정성이 젠더화되고 있다면 어떤 직업군을 중심으로 젠더화가 진행되고 있는가? 〈표 5-5〉는 직업에 따른 성별 구성을 보여 주고 있다. 〈표 5-5〉에 따르면, 관리자와 기능원 및 관련 기능 종사자 그리고 장치, 기계 조작 및 조립 종사자는 남성들이 77퍼센트 이상으로 절대 다수를 차지하고 있었다. 하지만 관리자 중에서 여성의 비율이 2002년 4퍼센트에서 2014년 19.4퍼센트로 다섯 배 가까이 증가하고 있었다. 그리고 서비스 종사자와 판매 종사자의 경우는 절반 이상이 여성들로 구성되어 있음을 알 수 있다.

이들 직업군에서 여성들은 어느 정도 불안정 노동에 노출되었는

표 5-5 | 직업별·성별 분포

	2002년		2010년		2014년	
	남성	여성	남성	여성	남성	여성
A. 관리자	96.0	4.0	87.1	12.9	80.6	19.4
B. 전문가	55.2	44.8	54.8	45.3	52.9	47.1
C. 기술공 및 준전문가	62.7	37.3	56.6	43.4	55.4	44.6
D. 사무 종사자	55.3	44.7	52.4	47.6	50.4	49.6
E. 서비스 종사자	37.4	62.6	34.1	65.9	31.2	68.8
F. 판매 종사자	44.8	55.2	45.9	54.1	44.2	55.8
G. 농업 및 어업 숙련 종사자	55.8	44.2	59.6	40.4	59.4	40.6
H. 기능원 및 관련 기능 종사자	76.4	23.6	79.8	20.2	79.7	20.3
I. 장치, 기계 조작 및 조립 종사자	78.8	21.2	82.4	17.62	84.3	15.7
J. 단순 노무 종사자	57.4	42.6	54.9	45.1	56.5	43.5

지를 살펴본 결과는 〈표 5-6〉과 같다. 우선 서비스 종사자 여성들 중 70퍼센트 이상이 고용, 임금/소득, 사회보험 중 두 가지 이상에서 불안정한 것으로 나타났다. 이런 경향은 2002년 이후로 변함이 없었다. 그리고 이 직업군에 속한 여성들은 이 세 가지 지표 모두에서 안정적인 비율이 2002년 12퍼센트에서 2014년 8퍼센트 수준으로 감소한 것으로 나타났다. 판매 종사자의 경우도 이와 비슷한 경향을 보이고 있었다. 농어업 관련 종사자의 경우에도 여성들의 불안정 비율은 90퍼센트를 넘어섰다. 단순 노무 종사자의 경우에도 2014년에 안정적인 유형이 다소 증가하기는 했지만, 여전히 90퍼센트 이상이 하나 이상의 지표에서 불안정한 유형에 속하고 있었다.

이런 결과를 요약하면, 한국에서 불안정성의 젠더화는 서비스 종사자 및 판매 종사자, 농어업 및 단순 노무 직업을 중심으로 구조화되고 있다고 할 수 있다. 비정규직 관련 법 등 고용 안정성을 위한 다

표 5-6 | 직업별 여성 불안정 노동 비율

직업군	연도	매우 불안정	불안정	다소 불안정	안정	합계
관리자	2002년	0.0	11.4	40.1	48.5	100
	2010년	8.1	23.3	24.2	44.4	100
	2014년	0.0	4.2	45.4	50.4	100
전문가	2002년	3.7	29.1	42.7	24.5	100
	2010년	5.2	14.8	33.7	46.4	100
	2014년	4.4	13.6	22.0	60.1	100
기술공 및 준전문가	2002년	5.8	44.5	25.8	23.9	100
	2010년	8.0	30.0	38.6	23.4	100
	2014년	5.9	19.5	38.6	36.0	100
사무 종사자	2002년	16.1	18.8	36.3	28.7	100
	2010년	13.6	11.4	25.4	49.6	100
	2014년	10.8	10.8	23.7	54.7	100
서비스 종사자	2002년	39.8	27.2	21.0	12.1	100
	2010년	39.0	36.5	20.9	3.6	100
	2014년	34.3	37.3	20.7	7.7	100
판매 종사자	2002년	34.9	30.9	19.3	15.0	100
	2010년	32.0	41.9	18.0	8.1	100
	2014년	30.1	37.7	24.9	7.3	100
농업 및 어업 숙련 종사자	2002년	65.6	1.5	20.5	12.4	100
	2010년	77.0	19.6	3.4	0.0	100
	2014년	72.1	21.8	6.1	0.0	100
기능원 및 관련 기능 종사자	2002년	36.3	28.2	29.7	5.8	100
	2010년	35.2	34.4	21.6	8.8	100
	2014년	30.2	30.4	26.9	12.6	100
장치, 기계 조작 및 조립 종사자	2002년	26.5	29.3	32.1	12.1	100
	2010년	31.0	18.5	35.4	15.1	100
	2014년	18.4	13.1	34.0	34.5	100
단순 노무 종사자	2002년	45.5	42.2	9.4	2.9	100
	2010년	48.8	37.4	12.0	1.8	100
	2014년	42.0	35.6	15.9	6.7	100

양한 정책적 노력과 사회보험 자격 조건 완화 등의 제도적 보호 장치들이 지난 10여 년간 확대되었음에도, 여성들이 주로 취업하는 직업에서의 불안정 노동 비율이 줄어들기는커녕 증가하고 있다는 것은 기존 정책들의 실효성을 재검토할 필요가 있음을 보여 준다.

4. 소결

지금까지 여성 취업자를 대상으로 고용, 임금, 사회적 보호 차원의 세 가지 불안정성 지표들과 그 조합을 통해 불안정 노동을 재개념화하고, 불안정 노동 집단을 가장 불안정한 유형부터 안정적인 유형까지 네 가지 유형으로 구분했다. 그리고 불안정 노동 유형에 어떤 직업군이 지속적으로 노출되어 있는지를 살펴봄으로써 불안정 노동의 젠더화를 확인했다. 분석 결과, 서비스 및 판매 종사자, 농어업 및 단순 노무 직업군에서 여성들의 불안정 노동이 구조화되고 있음을 확인했다. 서비스, 판매 종사자들의 구체적인 직업은 음식 조리 및 서비스업, 소매 업체 판매업, 가사 및 관련 보조원, 청소 및 세탁업, 배달·운반 및 검침 관련업이다. 그렇다면 이 같은 저숙련 서비스 노동자 계층에서 불안정성의 젠더화가 진행되는 이유는 무엇인가? 가장 중요하게는 서비스 경제로 전환되는 과정에서 노동비용을 줄이려는 경제주체들의 전략과 관련된다.

앞서 이론적 논의에서 살펴봤듯이, 기업은 표준적 고용 관계를 해체하고 파견, 용역 그리고 특수 형태 고용 등을 적극 활용함으로써 노동비용을 줄여 왔다. 또한 국가는 저숙련·저임금 일자리의 질을 개선하려 노력하기보다는 두루누리 사업[1] 등과 같이 사업주와 노동자들에게 사회보험료를 지원함으로써 기업의 노동비용을 간접적으로 지원하는 정책을 시행하고 있다. 또한 최근 한국에서 시행되고 있는 시간 선택제 일자리의 경우, 일자리의 질을 논의하는 대신에 일자리 창출을 강조함으로써, 노동자들의 고용조건을 개선시키지 못한 채 오히려 저임금 일자리를 고착화시키고 기업의 노동비용을 보충해 주는 기능을 뛰어넘지 못하고 있는 것이 좋은 예이다(김유휘·이승윤 2014).

그리고 저숙련 서비스 노동자들이 지닌 기술이 기업 특수적이기보다는 일반적인 숙련의 특성을 띠고 있기 때문에, 노동비용을 줄이고자 하는 기업의 입장에서는 이 노동시장을 내부화할 유인이 없다. 결국 기업은 이 노동시장을 외부화함으로써 단기적이고 불안정한 고용 형태를 유지시키는 것이 더 이롭기 때문에 불안정성은 지속될 가능성이 크다(장지연·양수경 2007). 게다가 저숙련 서비스 업종은 노동조합을 결성하기 어려울 뿐만 아니라, 노동조합의 교섭력도 높지 않아 이 부문의 외부노동시장화를 저지할 정치적 힘도 존재하지 않는 공간이다(Lee 2011). 결국 서비스 경제로의 전환은 저숙련 서비스 노동자 계층을 지속적이고 가장 불안정한 프레카리아트 계급으로 내몰 것으로 예상된다.

---

1 두루누리 사회보험 지원 사업은 10명 미만 소규모 사업장에 고용보험과 국민연금의 보험료 일부를 지원하는 사업이다. 2012년 2월 전국 16개 지역에서 월 평균 급여 125만 원 미만 노동자를 고용한 사업주와 노동자에게 최대 50퍼센트까지의 보험료를 차등 지원하는 시범 사업을 시행했고, 같은 해 12월 전국으로 확대 시행되었다. 2016년 현재 월 평균 보수 140만 원 미만 노동자를 고용한 사업주와 노동자에게 60퍼센트(신규 가입 노동자 60퍼센트, 기존 가입 노동자 40퍼센트)까지의 보험료를 지원하고 있다.

마지막으로 이 장에서의 분석이 한국의 여성 노동시장 정책 및 사회정책에 주는 함의는 다음과 같다. 첫째, 저임금 노동자에 대한 사회보험료 지원 정책 등의 복지 정책이 한국 사회의 노동 불안정성을 줄이는 데 기여하도록 하기 위해서는 노동정책 영역에서 고용 및 임금 차원에서의 안정성을 보장하는 정책 패키지가 동시적으로 결합될 필요가 있다. 둘째, 여성 노동시장에서의 불안정성을 해소하기 위한 정책적 접근이 필요하다. 최근 한국 사회에서는 여성의 노동시장 참여를 촉진하기 위한 노력이 경주되고 있다. 그러나 여성들이 주로 채우고 있는 저숙련 서비스 일자리는 임금·고용·사회보험 등의 차원에서 가장 열악한 일자리로 분석되고 있다. 단순히 여성들의 일자리를 확대하는 일자리 창출 정책보다도 여성들이 접근할 수 있는 일자리들의 질을 제고하려는 노력이 필요하다.

6장

한국 노인 불안정 노동자

한국은 세계에서 고령화가 가장 빠르게 진행되고 있는 나라 중 하나다. 1990년 5.1퍼센트였던 65세 이상 노인 인구 비율은 2015년 13.1퍼센트로 급증했다. 한국 노인층의 특징을 두 가지 꼽자면 하나는 가난한 노인들이 많다는 것, 다른 하나는 일하는 노인들이 많다는 것이다. 2014년 기준 노인 빈곤율은 48.8퍼센트로 OECD 회원국 가운데 가장 심각한 수준이고 경제활동에 참가하는 노인의 비율도 31.3퍼센트로 가장 높다(OECD 2015). 또한 일을 하면서도 빈곤한 계층인 근로 빈곤층 중에는 60세 이상 노인의 비율이 4분의 1을 넘고 있다(김혜련 2009).

공적 소득 보장 제도가 충분하지 않은 상태에서 가족 구조의 변화, 사적 이전소득의 감소, 독거노인의 증가 등이 맞물린 결과, 노인 두 명 가운데 한 명은 가난한 현재의 상황이 초래됐다. 과거 농업 사회에서는 젊은 자식 세대가 가족 내 노인에 대한 부양을 담당했다. 그러나 대가족에서 핵가족으로 가족 구조가 변화하고 경제성장이 둔화되면서 노인 부양은 성인 자식 세대에게도 큰 부담으로 작용했다. 게다가 지난 10년간 독거노인의 비율도 급격히 증가해 2014년 말 서울에 거주하는 노인 네 명 가운데 한 명은 혼자 사는 것으로 나타났다(서울연구원 2016). 독거노인들의 빈곤은 특히 심각하다. 부양해 줄 가족이 없고 돈과 자원도 충분치 않은 노인들은 살기 위해 노동시장에 내몰린다.

기존 연구들은 한국의 노인들이 일할 수밖에 없는 이유로 한국의 미성숙한 노후 소득 보장 제도를 주로 지목하고 있다. 한국의 공적 연금이 도입된 지 30여 년에 불과해 여전히 공적 연금에서 배제되어 있는 노인들이 많고, 공적 연금 수급 대상 노인이라 하더라도 소득 대체율이 낮아 공적 연금만으로는 생활이 어렵다. 결국 노인들은 노동시장에 참여해 생계를 유지할 수밖에 없다. 실제 조사 결과를 보면, 경제활동 참가 노인들의 79.3퍼센트가 생계비를 마련하고자 일한다고 응답했다(이소정 2012, 23). 또한 노인들의 소득 원천에서 근로소득이 차지하는 비중은 약 63퍼센트 수준으로 OECD 국가들 평균 24퍼센트에 비해 훨씬 높아(OECD 2013b, 163) 한국 노인의 삶에서 일이 차지하는 경제적 중요성을 엿볼 수 있다.

물론 노인들의 경제활동 참여가 부정적인 것만은 아니다. 생산 가능 인구의 비중이 줄어드는 고령 사회에서는 노인 노동력의 활용이 지속적인 경제성장을 위해 매우 중요하고 노후의 건강한 삶을 위해도 (임금노동이 아니어도) 적당한 노동은 도움이 될 수 있다. 하지만 현재 한국에서는 이미 노인들의 노동시장 참여율이 매우 높은 가운데 대다수의 노인들이 빈곤에서 벗어나지 못하고 있다. 2014년 현재 60세 이상 임금노동자의 68퍼센트는 비정규직이고(통계청 2015a), 55세 이상 임금노동자 중 법정 최저임금 미달자는 30퍼센트에 이른다(김유선 2015).

앞에서 청년과 여성 집단을 중심으로 불안정 노동이 나타나는 양상을 살펴보았다면, 여기서는 노인 집단에 주목해 노인들의 불안정 노동을 살펴볼 것이다. 우선 2장에서 설명한 서비스 경제로의 구조 변화와 복지 생산 레짐하의 미성숙한 복지국가가 노인 노동시장의 불안정성을 높이는 과정을 살펴본다. 그다음으로는 3장에서 정의한 불안정 노동의 개념을 노인 집단에 적용해 현재 한국 사회에서 노인들의 불안정 노동이 얼마나 심각하며 어떤 양상으로 나타나고 있는지 경험적 분석을 통해 확인한다.

1. 미성숙한 복지국가와 노동시장의 새로운 위험

한국에서 많은 노인들이 노동시장에 진입하는 이유로는 미성숙한 복지국가와 서비스 경제로의 산업구조 변화와 같은 사회적·경제적 요인들이 있다. 한국처럼 복지국가의 역사가 비교적 짧은 국가에서는 노후에 소득원이 상실된 시민들에게 국가 제도에 따른 보장이 충분히 제공되지 못하기에 노인들은 은퇴한 뒤에도 다시 노동시장에 참여하게 된다. 또한 농업과 공업 중심의 산업구조가 빠르게 서비스업 중심의 산업구조로 바뀌면서 노인들이 구할 일자리는 주로 저숙련·저임금 직종에 몰리게 되었다. 여기서는 불안정한 노인 노동시장의 배경이자 심각한 노인 빈곤의 원인이 되고 있는 한국의 복지 제도 및 탈산업화 사회 노동시장의 새로운 위험에 대해 알아본다.

1) 미성숙한 연금 제도

한국 복지국가는 아직 충분히 성숙한 복지국가라고 보기는 힘들다. 현재 존재하는 대부분의 공공 부조, 사회보험, 사회복지 서비스 등은 발전주의 복지국가 이데올로기가 팽배하던 1961년과 1987년 사이에 입법되었는데(Ringen et al. 2011), 입법 시기와 제도 시행 시기 사이에도 시간적 간격이 있었기 때문에 서구 복지국가에 비해 복지 제도 도입의 역사가 매우 짧다. 대표적으로 국민연금의 경우, 1973년에 도입되었지만 석유파동 위기 탓에 시행이 연기되어 1986년 입법된 새로운 〈국민연금법〉에 의해 1988년부터 시행되었다. 당시 상시 근로자 열 명 이상 사업장만을 대상으로 실시해 농어촌 지역 노동자, 열 명 미만 사업장의 근로자 등 제도에서 배제되는 사각지대의 규모가 매우 컸지만, 이후 가입 범위가 확대되어 2006년에 근로자 한 명 이상 사업장 전체와 도시 및 농어촌까지 포괄하는 '전 국민' 연금제도가 되었다. 이에 따라 1988년 443만3천 명이던 가입자는 2014년 2,112만5천 명으로 증가했는데, 이는 경제활동인구 대비 79.6퍼센트에 해당한다(국민연금연구원 2015). 그러나 납부자 비율은 62.4퍼센트로 가입자 비율보다 17.2퍼센트포인트 낮았다. 비록 가입 사각지대는 감소했지만 실제로 최소한의 급여를 수급하기 위한 법정 최소 가입 기간 10년을 채우지 못해 노후 소득 보장이 불투명한 노동자의 비중도 상당히 존재하는 셈이다. 특히 가입 기간을 채우지 못하는 인구의 대부분은 자영업자·비정규직 등 노동시장 내 취약 계층이기에, 사각지대 규모만 축소하는 연금제도 개선만으로는 노후 소득 보장 기능을 강화하기에 역부족이다.

국민연금 제도는 기본적으로 노동시장에서의 지위가 연금 가입으로 이어지기 때문에 경제활동 참여율이 남성에 비해 낮고 육아와 가사 등으로 경력 단절이 심한 여성은 가입률이 남성보다 낮을 수밖에 없다. 출산과 육아 등으로 경력 단절을 겪는 여성들을 대상으로 이런 문제점을 일부 보완하기 위한 정책으로 출산 크레디트 제도[1]가 있지만, 이는 국민연금 제도가 도입된 지 20년이 지난 2008년에야 도입되었다. 여성의 경제활동 참여가 증가하면서 국민연금 가입자 비중도 늘고 있어서 1995년 26.1퍼센트이던 여성 가입자 비중은 2014년 43퍼센트까지 증가했지만 수급자는 2014년 기준 남성은 69.8퍼센트, 여성은 31.1퍼센트여서, 여성은 남성의 절반에도 미치지 못하고 있다(국민연금연구원 2015). 국민연금 가입 배제는 곧 노년기의 부족한 소득 보장으로 이어지기 때문에 남성 생계 부양자 위주로 설계된 연금 제도는 여성 노인의 불안정성을 높일 수 있다.

도입 역사가 비교적 짧은 국민연금은 2008년부터 가입자들에게 급여 지급을 시작했다. 당시 1,959명이던 노령연금 수급자는 2015년 315만1,349명으로 증가했는데, 이는 전체 65세 이상 인구의 46.5퍼센트에 해당하는 수치로 여전히 절반 이상의 노인들은 소득 보장 제도에서 배제되어 있다. 2016년 기준 국민연금의 소득 대체율은

---

1 2008년 1월 1일 이후에 둘째 자녀 이상을 얻은 경우(출산, 입양 등)에 국민연금 가입 기간을 추가로 인정해 주는 제도. 자녀가 두 명인 경우에는 12개월, 자녀가 세 명 이상인 경우에는 둘째 자녀에 인정되는 12개월에 셋째 자녀 이상 한 명마다 18개월을 추가해 최장 50개월까지 가입 기간을 추가로 인정하며, 이때 소요되는 비용은 국가에서 전부 또는 일부를 부담한다(국민연금공단 홈페이지 http://www.nps.or.kr/jsppage/info/easy/easy_06_01.jsp).

46퍼센트인데 이는 OECD 주요국의 공적 연금 소득 대체율 평균인 65.9퍼센트에 비해 매우 낮은 수준이다. 월평균 급여액 또한 2015년 기준 33만7,560원으로 1인 가구 최저생계비 61만7,280원의 절반 수준이며, 금액 규모별 수급자를 보면 10만~20만 원의 급여를 받는 수급자가 29.7퍼센트로 가장 비중이 높았다. 반면에 60만 원 이상의 급여를 받는 수급자 비중은 12.2퍼센트로 대다수의 수급자가 매우 적은 금액의 급여를 받고 있음을 알 수 있다(국민연금연구원 2016).

이에 2014년부터 노인 빈곤을 완화하기 위해 보편적 사회 수당 성격의 기초 연금 제도가 도입되었다. 기초 연금은 기존에 존재하던 기초 노령연금 제도에서 급여 수준을 개선한 제도로, 65세 이상 노인 가운데 소득 하위 70퍼센트의 노인에게 최대 약 20만 원의 급여를 지급한다. 2015년 말 기초 연금 수급자는 65세 이상 인구의 66.4퍼센트인데, 도입이 시작된 2014년 말 66.8퍼센트에 비해 약간 감소했으며(국민연금연구원 2016), 당초 계획된 70퍼센트에도 못 미치고 있다. 기초 연금은 국민연금의 급여액이 낮거나 연금에서 배제된 노인들에게 중요한 소득원이지만, 평균적으로 두 연금의 급여를 합해도 1인 가구 최저생계비에 못 미칠 정도로 급여 수준이 낮다. 복지국가가 미성숙한 결과로 소득 보장 제도 수준이 낮은 현실은, OECD 회원국(평균 노인 빈곤율 12.8퍼센트) 가운데 가장 높은 노인 빈곤율(48.8퍼센트)이라는 결과로 나타나고 있다(OECD 2015).

소득 보장 제도 외에 기타 노인 복지 서비스에는 보건 의료, 재가 서비스, 주거 서비스, 여가 서비스 등이 있는데 이런 사회 서비스들이 잘 구축되면 부족한 소득 보장 제도를 보완할 수 있다. 그러나 한국은 2012년 노인복지 총 지출액이 GDP의 2.4퍼센트로 OECD 평균인 7.4퍼센트에 훨씬 못 미치며, 특히 노인복지 서비스의 지출 비중은 GDP의 0.2퍼센트로 현금 지출 2.2퍼센트에 비해서도 훨씬 적다(OECD 2015). 이렇듯 노년기의 소득 보장과 사회 서비스 모두 불충분한 상황에서 가난한 노인들은 생계를 위해 노동시장으로 진입하게 된다.

성숙한 연금제도를 갖춘 외국의 경우에는 연금 급여가 고령자의 조기 은퇴를 조장하거나 노동시장 참여에 부정적인 영향을 주지만, 한국은 연금제도가 미성숙해 연금 급여가 근로소득을 대체하지 못하고 보완하는 수준에 머무르기에, 성숙된 복지국가에서 나타나는 연금 급여 지급에 따른 노동시장 참여에서의 부정적 영향은 나타나지 않는다(강소랑 2015). 연금 급여가 적으면 오히려 노동 공급 비중이 높아지므로(Martina 2011) 복지 제도가 미성숙한 한국에서는 낮은 연금 급여 수준이 노인들로 하여금 노동시장에 참여하게 하는 요인이 된다. 한국 노인들의 소득원 구성을 보면 근로소득, 공적 이전소득, (사적 이전소득을 포함한) 자산 중 근로소득의 비중이 63퍼센트로 OECD 회원국 (평균 24퍼센트) 가운데 가장 높아(OECD 2013b) 실제로 한국 노인들이 노후 소득의 상당 부분을 근로소득에 의존하고 있음을 알 수 있다.

2) 노동시장의 새로운 위험들

한편 서비스 경제 사회로의 전환은 저숙련·저임금 일자리가 집중된 서비스업에서의 노동 수요를 촉발시키고 이 과정에서 생계비가 필요한 노인들의 노동 공급이 서비스업의 노동 수요와 맞물리면서 현재와 같은 모습의 불안정한 노인 노동시장을 형성하게 되었다.

피터 테일러-구비Peter Taylor-Gooby로 대표되는 신사회적 위험론은 1970년대 이후 자본주의 경제·사회구조의 근본적 변화와 그로 말미암은 복지국가에 대한 변화 압력에 주목한다. 특히 서비스 경제로의 전환은, 전통적 복지국가가 기반하고 있는 포드주의적 노동시장 구조의 변화를 추동하고 노동시장의 불안정성을 일상화하는 핵심적 요인으로 설명된다(Taylor-Gooby 2004). 탈산업화는 고학력·고숙련 노동자들에게 고임금 및 양질의 일자리를 제공하고 저숙련·저학력 노동자들은 불안정하고 임금도 낮은 일자리를 갖게 함으로써 노동시장을 양극화시키고 불안정 노동자를 증가시켰다. 그러나 신사회적 위험론에서 노인들이 직면하는 위험은 이런 고용의 문제보다 돌봄의 문제에 집중되어 있다. 즉 서비스 경제로의 전환과 함께 여성들의 경제활동 참여가 늘어나면서 발생한 노인 돌봄의 공백을 새로운 사회적 위험으로 설명한다. 또한 고용이 제조업보다는 서비스업에 집중되면서 생산성이 떨어지고 복지 재정을 뒷받침할 경제적 여력이 축소됨으로써 사회 서비스가 점차 민영화되고 결국 낮은 서비스 질에 노출된 노인들이 돌봄에서의 새로운 사회적 위험을 경험한다는 것이다(Taylor-Gooby 2004).

그러나 한국과 같이 미성숙한 복지국가에서 노인들이 직면하는 사회적 위험의 양상은 돌봄과 고용에서 중첩적으로 나타난다. 충분한 노후 소득 보장 및 서비스 보장을 경험하지 못하는 노인들은 생존을 위해 일해야 하는 선택을 할 수밖에 없다. 그러나 노인들은 새로운 숙련을 습득하거나 학습에 투자하기가 사실상 어려우므로 비교적 쉽게 얻을 수 있는 저숙련·저임금 일자리를 갖게 된다. 이렇게 증가한 노인 노동력 공급은 서비스 경제 사회에서 늘어난 저숙련·저임금

그림 6-1 | 산업별 사업체 수 및 노인 취업자 수 변화

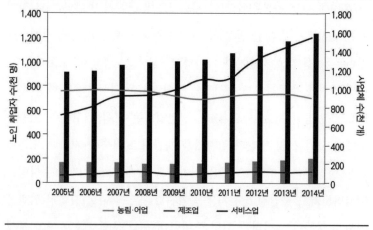

주 : 선 그래프가 취업자 수, 막대그래프가 사업체 수임.
자료 : 고용노동부(2015b), 통계청(2015c).

부문의 노동력 수요가 흡수한다. 결국 노인들은 돌봄의 공백이라는 새로운 위험뿐만 아니라 불안정 노동이라는 위험에 중첩적으로 노출되는 것이다.

산업별 사업체 수와 65세 이상 노인 취업자 수의 변화를 나타낸 〈그림 6-1〉을 보면 노동시장에서 일자리 수요와 공급이 어떻게 변화되었는지 알 수 있다. 우선 산업별 사업체 수 변화를 보면, 지난 10년간 서비스업 부문의 사업체 수 증가율이 매우 높다. 그래프에는 보이지 않지만 2005년 이후 농림·어업의 사업체 수는 감소 경향을 보이고(2005년 1,755개소에서 2014년 2,921개소), 제조업 사업체 수 역시 2005년 약 21만 개소에서 2014년 약 26만 개소로 약간 증가하는 데 그쳤다. 반면에 서비스업의 사업체 수는 2005년 약 110만 개소에서

2013년 약 160만 개소로 증가해 50퍼센트에 가까운 증가율을 보였다. 노동시장의 일자리 수요가 주로 서비스업에서 확대된 것이다.

서비스산업에서의 일자리 수요 증가와 맞물려 노인 노동력의 공급 역시 서비스산업 부문에 집중되고 있다. 산업별 노인 취업자 수 변화를 보면, 2005년 농림·어업의 취업자 수가 가장 많았지만 꾸준히 감소해 2008년 이후 서비스업보다 적어졌고, 제조업은 취업자 수의 증가율이 매우 미미했다. 반면에 서비스업 취업자는 빠른 속도로 증가해 2008년 이후 가장 규모가 커진 이후로도 계속해서 증가하고 있다. 즉 노인 노동력의 공급은 서비스산업 부문에 집중되고 있는 것이다. 고령 인구가 빠르게 증가하는 가운데 노후 소득이 불충분한 가난한 노인들 역시 증가하면서 노인 노동력의 공급이 늘어나고 동시에 서비스업에서 노동 수요가 증가하면서 노인들의 고용이 서비스업 중심으로 일어나고 있다.

서비스산업 부문으로 노인 노동력 공급이 증가하는 것은 노인들이 노동시장에서 불안정할 가능성이 커졌음을 의미한다. 서비스업에는 고숙련·고임금 서비스 직종이 포함되기 때문에 서비스업에서의 노인 취업자 증가를 곧바로 노인들의 불안정성 증가로 해석할 수는 없다. 그러나 남성 중심의 핵심 생산 인구로 채워져 진입 장벽이 높은 산업보다는 기술과 숙련이 많이 필요하지 않은 산업에 노인들이 진입하기가 용이하기 때문에, 노인들의 일자리는 노동시장 내에서도 전형적으로 외부노동시장에 속하는, 즉 저숙련·저임금의 특징을 보이는 서비스산업 부문에 집중되고 있다. 실제로 산업별 60세 이상 노인 취업자의 분포를 보면 농림·어업을 제외하고 도매 및 소매업, 운수업, 숙박 및 음식점업, 사업 시설 관리 및 사업 지원 서비스업 등의 서비스업 종사자 비율이 높게 나타난다(통계청 2015c). 서비스산업 가운데 가장 많은 비중을 차지한 도매 및 소매업에는 도매 및 상품 중개업, 백화점, 점포, 노점, 배달 또는 통신판매, 소비조합, 행상인 등의 소매업이 속해 있고, 사업 시설 관리 및 사업 지원 서비스업에서는 청소, 관리, 소독 서비스, 고용 알선, 인력 공급, 경비, 경호, 여행 보조, 콜센터 등이 포함되는데, 이를 통해 노인 노동자들이 기술과 숙련을 많이 요구하지 않는 종류의 서비스업에 많이 분포함을 알 수 있다.

이렇듯 경제구조가 서비스업 중심으로 바뀌는 과정에서 노인 노동자들은 저숙련·저임금 서비스업 일자리로 집중되며 불안정 노동에 노출되는데, 다음 절에서는 실제로 노인들의 불안정 노동이 어떤 규모와 양상을 보이며 얼마나 심각한지를 분석할 것이다. 이를 위해 3장에서 설명한 '불안정 노동' 개념을 사용해 노동시장에서 발생하는 고용·임금·사회보험 측면의 불안정성을 통합적으로 분석하는데, 노인 노동자 중에는 비임금노동자도 상당수를 차지하므로 65세 이상의 임금 및 비임금노동자를 모두 분석에 포함한다. 이를 통해 서비스 경제로의 전환과 미성숙한 복지국가로 말미암아 나타나는, 경제활동에 참여하는 노인들의 불안정성에 대해 경험적으로 알아보고자 한다.

2. 분석 자료

분석에 사용된 자료는 3장에서 설명한 것과 같이 한국노동패널조사의 5차부터 17차 자료이며 전체 패널 가운데 만 65세 이상 노인 경제활동인구를 대상으로 노동 불안정성을 분석했다. 따라서 한국노동패널조사의 분류상 상용직·임시직·일용직을 포함하는 임금노동자와 고용주 및 자영업자를 포함하는 비임금노동자를 모두 포함했다. 다만 비임금노동자에 포함되는 무급 가족 종사자는 분석에서 제외했다. 노인 취업자 가운데 무급 가족 종사자의 비율은 약 12퍼센트(한국노동패널 17차 자료 기준)로 적지 않다. 통계청 조사(2010년)에 따르면 2010년 기준 만 60세 이상 노인 취업자의 18.5퍼센트가 무급 가족 종사자이며, 이 가운데 80퍼센트가 농림·어업 종사자, 83.5퍼센트가 여성이다. 또한 무급 가족 종사자 여성 가운데 82퍼센트가 농림·어업에 종사하고 있다. 대부분이 농림·어업에 종사하고 있는 노인 무급 가족 종사자는 계절의 영향을 받아 고용 지위가 불규칙하고 사회보험에서 배제되는 등 노동 불안정성이 높을 가능성이 크다. 그러나 무급 가족 종사자의 경우 임금이나 소득 자료가 없기 때문에 소득 불안정성을 분석할 수 없고, 대부분이 농림·어업 종사자라는 점에서 서비스 경제로의 전환 과정에서 나타나는 노인 불안정 노동을 분석하는 이 책의 연구 목적상 분석에서 제외했다. 그럼에도 노동시장에서의 고용 지위가 사회보험 가입 및 수급 여부로 이어지는 우리나라 사회보험의 특성상, 농림·어업에 종사할 경우 이전소득의 부족 혹은 부재로 인한 소득 불평등이 노년기의 경제적 불평등으로 이어질 가능성이 크고(최민정·권정호 2014), 도시 거주 노인들에 비해 농촌 거주 노인들은 소득 및 고용 측면에서 지속적이고 반복적인 빈곤을 경험하므로(김혜자 외 2014), 무급 가족 종사 노인들의 노동 불안정성에 대한 후속 연구도 필요할 것으로 보인다.

3. 노인의 불안정 노동

1) 일하는 노인들

분석 대상에 대한 기술 통계를 살펴보면 65세 이상 인구의 비율은 2008년 15퍼센트, 2014년에는 18퍼센트이다. 이 가운데 여성 비율은 2014년 55.9퍼센트로, 2008년 57.7퍼센트에 비해 1.8퍼센트포인트 감소했지만, 여전히 남성에 비해 10퍼센트포인트 정도 높다. 경제활동에 참가하고 있는 노인의 비율은 2008년 20.7퍼센트에서 2014년 25.9퍼센트로 증가했는데, 이 가운데 남성 노인은 35퍼센트, 여성 노인은 18퍼센트이다. 인구 비율은 여성이 많지만 노동시장 내의 비중은 남성이 더 높은 것으로 나타났다.

〈표 6-1〉은 경제활동에 참여하고 있는 노인들의 특성을 보여 준다. 65세 이상 취업자의 임금노동자 및 비임금노동자 비율을 보면, 임금노동자보다 비임금노동자가 차지하는 비중이 더 크다. 그러나 2008년 약 20퍼센트포인트 많던 비임금노동자 비율이 2014년에는 그 차이가 1퍼센트포인트 정도로 좁혀져 비임금노동자 비중은 감소하고 임금노동자 비중은 증가하고 있는 것을 알 수 있다. 한국 노동시장은 자영업자가 차지하는 비중이 크고, 특히 노인 노동시장에서는 농림·어업 종사자의 비중이 많아 비임금노동자 비율이 훨씬 크지만, 최근에는 임금노동자를 중심으로 노인 노동력이 증가하고 있다. 노인 노동자의 고용 지위를 보면, 대다수의 노인 노동자는 자영업자에 속하는데, 비임금노동자의 감소에서 알 수 있듯이 자영업자의 비율도 2014년에 44퍼센트까지 감소했다. 한국은 압축적 산업화를 경

표 6-1 | 경제활동 참가 노인들의 특성

		2008년			2014년		
		합계	남성	여성	합계	남성	여성
일자리 형태	임금노동자	39.43	38.61	40.56	49.69	49.82	49.48
	비임금노동자	60.67	61.39	59.44	50.31	50.18	50.52
종사상 지위	상용직	13.80	14.80	12.40	15.90	19.80	9.90
	시간제	11.60	11.10	12.30	17.20	14.40	21.30
	일용직	9.90	8.40	11.90	14.70	14.40	15.10
	자영업자	51.60	64.10	34.70	44.10	50.30	34.80
	무급 가족 종사자	13.10	1.70	28.70	8.30	1.10	19.00
산업	농림·어업	40.00	34.92	46.92	27.60	24.59	32.11
	제조업	7.71	11.92	1.94	12.99	18.42	4.87
	서비스업	52.30	53.15	51.31	59.41	57.00	63.02

험하면서 농업의 감소가 서비스업의 증가와 동시에 일어났는데, 노인들이 종사하고 있는 산업을 보면 2008년과 2014년 사이 농림·어업 종사자는 13퍼센트포인트 감소한 반면, 제조업과 서비스업은 5~7퍼센트포인트가량 증가했다. 특히 서비스업 종사자 중에서 여성의 비율이 매우 증가했다. 전반적으로 노인들은 주로 서비스업에 고용되거나 자영업에 많이 종사하고 있다.

2) 노인의 불안정 노동

노동시장에 참여하고 있는 65세 이상 노인 노동자들의 불안정성을 알아보기 위해, 3장에서 살펴본 불안정 노동의 개념을 적용해 불안정 노동의 구성 요소인 고용, 임금/소득, 사회보험 각각에 대한 불안정 노동자 규모를 분석했다.<표 6-2> 참조).

표 6-2 | 노인 불안정 노동 각 속성별 불안정 노동자 규모

	2008년			2014년		
	고용	임금/소득	사회보험	고용	임금/소득	사회보험
합계	48.8	75.7	55.0	52.0	66.1	47.8
남성	35.9	64.7	43.9	42.6	53.0	34.0
여성	66.5	90.8	70.1	66.2	85.8	68.6

〈표 6-2〉를 보면 세 가지 속성 가운데 임금/소득의 불안정성이 가장 크다. 2008년에 비해 2014년에 10퍼센트포인트 정도 감소하기는 했지만, 고용과 사회보험에 비해 임금/소득 측면의 불안정성을 겪는 노인들의 규모가 가장 크다. 66퍼센트에 해당하는 노인 노동자들이 저임금을 경험하는 가운데, 특히 여성 노인의 경우 그 규모는 90퍼센트에 달하고 있어 여성 노인의 저임금 정도가 심각함을 확인할 수 있다. 이는 산업별 고용 분포에서 나타나는 성별 격차로 설명할 수 있는데 〈표 6-1〉에서 보았듯이, 서비스업 종사자는 여성보다 남성이 많지만 남성의 임금/소득 불안정성이 여성보다 낮은 이유는 서비스업 중에서도 고숙련 일자리에 여성보다는 남성이 많이 분포하기 때문이다. 반면에 여성은 대부분이 저숙련·저임금 서비스직에 종사하며, 서비스업에 종사하는 여성의 비율은 점점 증가하고 있는데, 2008년에 비해 2014년에 12퍼센트포인트 정도 높아졌다. 남성은 임금/소득의 불안정성이 감소한 반면, 고용 불안정성이 7퍼센트포인트 정도 증가했는데, 그럼에도 세 가지 측면을 모두 비교해 보면 남성에 비해 여성의 불안정성이 훨씬 심각하다.

다음으로 이 세 가지 속성을 이용해 불안정 노동을 조합으로 구성

그림 6-2 ┃ 노인 불안정 노동 유형별 규모 변화

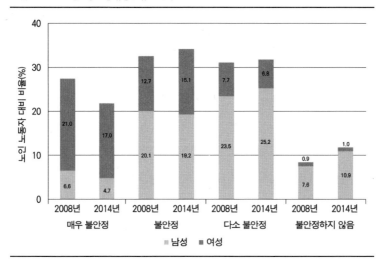

한 뒤 '매우 불안정', '불안정', '다소 불안정', '불안정하지 않음' 등 네 가지 불안정 노동 유형에 따라 그 규모를 살펴보았다(<그림 6-2> 참조). 전체적으로 '매우 불안정' 유형은 규모가 감소한 반면, 다른 세 유형은 모두 증가했다. 그러나 여전히 20퍼센트 넘는 노인들이 세 가지 측면 모두에서 불안정하며, 두 가지 이상의 속성에서 불안정한 유형이 56퍼센트로 절반 이상의 노인들이 심각한 불안정성에 노출되어 있다. 2008년에 비해 2014년에는 '불안정하지 않음' 유형이 3퍼센트포인트 정도 증가했음에도 나머지 불안정한 유형들의 합이 90퍼센트 넘게 유지되고 있어, 노동시장에서 노인의 불안정성은 변함없이 지속되고 있음을 알 수 있다.

〈그림 6-2〉에는 각 불안정 노동 유형별 규모가 성별로도 나타나

있어 불안정 노동에 성별 격차가 존재하는지 살펴볼 수 있다. 대부분의 여성들은 '매우 불안정' 유형과 '불안정' 유형에 속하는 가운데, '매우 불안정' 유형의 규모가 가장 크고 '불안정하지 않음' 유형은 1퍼센트로 매우 적다. 그만큼 노동시장에서 안정된 상황에 있는 여성 노인들을 찾아보기 어렵다는 것이다. 또한 불안정성의 성별 격차가 더욱 심화되고 있는 양상도 나타나는데, '불안정' 유형에 속한 여성은 증가한 반면, 남성은 '다소 불안정' 유형과 '불안정하지 않음' 유형에서 증가하고 '불안정' 유형과 '매우 불안정' 유형의 규모는 감소했다. 여성 노인의 경우 생애 주기상에서 사회보험 가입 배제 등으로 노년기의 소득 보장이 남성 노인보다 취약하므로 노동시장에서 겪는 불안정성의 영향이 남성 노인보다 더 심각할 수 있다는 데서 여성 노동자의 불안정성은 심화된다. 성별에 따라 다르게 나타나는 불안정 노동의 양상은 〈그림 6-4〉에서 다시 살펴볼 것이다.

3) 노동 불안정성의 산업별·성별 분화

산업구조가 서비스업 중심으로 변화하는 과정에서 나타나는 불안정성을 보기 위해 산업별로 불안정 노동 규모를 살펴보았다〈그림 6-3〉참조). 〈그림 6-1〉에서도 보았듯이, 대다수의 노인들은 주로 서비스업에 종사하고 있다. 서비스업에 집중된 질 낮은 일자리는 고용, 임금/소득, 사회보험 측면에서 모두 불안정한 경우가 많기 때문에, 〈그림 6-3〉에서도 볼 수 있듯이, 서비스업 종사자의 불안정 유형 규모가 다른 산업 종사자에 비해 크게 나타난다. 전체적으로 '매우 불안정' 유형은 2008년에 비해 2014년에 상당히 줄어들었지만, 그 내부에서

그림 6-3 | 불안정 노동 유형별·산업별 규모

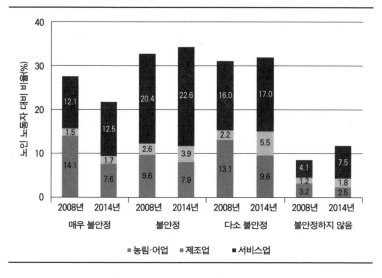

산업별로 살펴보면 서비스업 종사자는 오히려 증가했다. 2008년에는 '매우 불안정' 유형에서 농림·어업 종사자가 차지하는 비중이 가장 컸으나, 2014년에는 서비스업 종사자 비중이 가장 크다.

남성에 비해 여성이 주로 서비스업으로 진입한다. 따라서 서비스업을 중심으로 심화되는 불안정성이 성별에 따라서도 다른 양상을 보일 수 있다. 이를 확인하기 위해 산업별·성별로 세분화해 불안정 노동의 유형별 규모를 살펴보았다. 그 결과는 〈그림 6-4〉와 같다. 그림을 보면 성별에 따라 불안정 노동의 양상이 매우 다르게 나타나는 것을 쉽게 확인할 수 있다. 남성은 '다소 불안정' 유형의 규모가 가장 크고 '매우 불안정' 규모가 가장 작은데 '매우 불안정' 유형과 '불안정' 유형의 규모는 2008년에 비해 감소한 반면, '다소 불안정'

그림 6-4 | 성별 불안정 노동 유형별·산업별 규모

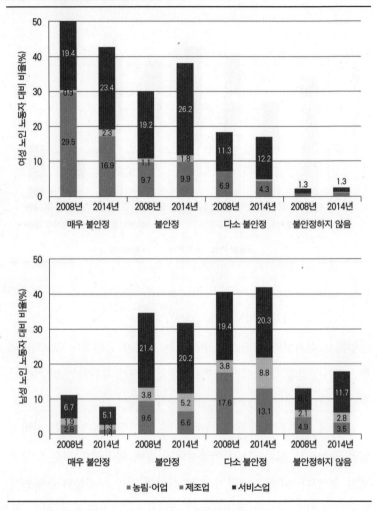

유형과 '불안정하지 않음' 유형의 규모는 증가했다. 남성 노인 노동
자 내에서도 서비스업 종사자는 다른 산업에 비해 불안정성이 크게

나타나는데 농림·어업과 제조업 종사자의 경우 '다소 불안정' 유형의 규모가 가장 큰 반면, 서비스업 종사자는 '불안정' 유형과 '다소 불안정' 유형에 속해 있다.

여성은 남성과 매우 다른 양상을 보인다. '매우 불안정' 규모가 가장 작았던 남성과 반대로 여성은 '매우 불안정' 유형의 규모가 가장 크며 '불안정하지 않음' 유형의 규모가 가장 작다. 여성 서비스업 종사자들은 '매우 불안정' 유형과 '불안정' 유형에 주로 집중되어 있어, 같은 서비스업 종사자라 할지라도 성별에 따라 불안정성에 차이가 나는 것을 알 수 있다. 전체적으로 남성 서비스업 종사자의 규모가 2008년과 2014년에 큰 변화를 보이지 않지만 여성의 경우는 2014년에 매우 증가했다. 또한 '불안정하지 않음' 유형에서 증가를 보인 남성과는 달리, 여성은 '불안정하지 않음' 유형은 그대로 유지되고 '매우 불안정'과 '불안정' 유형의 규모가 증가해 2008년 이후로 불안정성이 전혀 개선되지 않았음을 알 수 있다. 여성은 전체적으로 '매우 불안정' 유형의 규모가 줄어들었으나 그 내부에서 서비스업 종사자 규모는 증가했는데, 이를 통해 여성이 주로 서비스업에 종사하고 있는 노동시장에서 앞으로도 여성 노인 노동자의 불안정성은 더욱 심화될 수 있음을 짐작할 수 있다.

남성에 비해 여성이 전반적으로 더 불안정한 가운데 여성 노인들의 불안정성을 좀 더 자세히 알아보기 위해 '매우 불안정' 유형과 '불안정' 유형에 속한 여성 서비스업 종사 노인들을 직업별로 세분화해 살펴보았다. 서비스 업종에 종사하는 여성 노인들은 주로 서비스직, 판매직, 단순 사무직에 종사하고 있었다. '매우 불안정' 유형에서는 이 가운데 서비스직 종사자가 2008년과 2014년에 사이 크게 증가했

표 6-3 | 여성 서비스업 종사자의 직업 분포

불안정 유형	직업	2008년	2014년
매우 불안정	서비스 종사자	18.41	25.89
	판매 종사자	16.10	13.96
	단순 사무 종사자	61.47	54.88
	기타	4.02	5.27
불안정	서비스 종사자	26.42	28.74
	판매 종사자	31.97	17.48
	단순 사무 종사자	34.00	41.14
	기타	7.61	12.64

는데, 이를 통해 〈그림 6-4〉에서 여성 '매우 불안정' 유형의 증가가 서비스직의 증가에서 기인했음을 알 수 있다. 대인 서비스직은 보육 종사자, 요양 기관 보호사, 미용사, 가정 보육사 등이 해당한다. 판매 직 종사자는 다소 감소했는데, 판매직에는 도매 판매 종사자, 소매 업체 판매 종사자, 주유원, 노점상 등이 해당한다. 반면에 단순 사무 직은 불안정 유형에서 크게 증가했는데, 여기에는 가사 보조원, 청소 및 세탁 종사자, 호텔 및 음식 업소 청소 종사자, 건물 관리 및 경비, 환경미화원 등이 포함된다. 나머지 기타에 해당하는 직업에는 기술 직, 간호사, 치료사, 사무직 등이 해당한다. 이런 단순 사무직과 기타 직업의 증가가 〈그림 6-4〉에서 나타나는 여성 불안정 유형 규모의 증가를 가져왔다.

지금까지의 결과를 정리해 보면 다음과 같다. 우선 노인 노동자들 은 불안정 노동을 이루는 고용, 임금/소득, 사회보험 세 측면이 모두 열악하지만, 특히 임금/소득의 불안정성이 가장 심각하다. 그러나 임 금/소득의 불안정성은 2008년과 2014년 사이에 약간 감소했으며,

고용의 불안정성이 오히려 증가했다. 불안정 노동 유형의 규모를 살펴본 결과, 한 측면이라도 불안정한 노인 노동자의 비율이 2008년과 2014년에 모두 90퍼센트 전후로 나타나고 있어 노인 노동자의 불안정성이 견고하게 유지되고 있음을 알 수 있다. 둘째, 성별 불안정성을 비교해 본 결과, 여성 노인들의 불안정성이 남성 노인보다 훨씬 심각했다. 물론 남성 노인들의 불안정성도 심각한 수준이다. 그러나 여성의 경우 생애 주기상에서 남성에 비해 사회보험 배제, 상대적 저임금, 경력 단절 등으로 말미암아 노동시장에서의 상황이 훨씬 열악하기 때문에 여성 노인의 불안정성은 더욱 심화될 수 있다. 셋째, 서비스 경제로의 전환이 노인의 불안정성에 미치는 영향을 알아보기 위해 산업별 불안정 노동 규모를 살펴본 결과, 서비스업 종사자가 불안정 유형의 대부분을 차지하고 있었으며, 특히 여성에서 그 비중이 높았다. 노동시장에서 일자리의 양극화를 만들어 내는 서비스 경제 사회에서 노인들은 핵심 남성 노동력으로 채워지는 고숙련/고임금 일자리로 진입하기가 힘들기 때문에 저숙련/저임금을 특징으로 하는 단순 서비스직으로 진입할 수밖에 없으며, 앞으로 증가하는 고령 인력도 대부분 저숙련 서비스직으로 흡수된다고 가정했을 때, 노인들의 불안정 노동의 계층화는 더욱 강화될 것으로 보인다.

4. 소결

이 장에서는 연금제도 위주로 미성숙한 복지국가에 대한 설명 및 탈산업사회에서 나타나는 새로운 위험을 설명하고, 특히 한국 노인의 경우 탈산업화 사회에서 나타나는 돌봄의 부재, 독거노인 증가와 복지 제도가 낙후해 나타나는 소득 보장의 부재 등으로 말미암아 노인들이 노동시장에 진입하게 되는 배경을 설명했다. 이어 노인 노동시장의 불안정성을 구체적으로 살펴보기 위해, 한국노동패널에서 65세 이상 경제활동인구를 대상으로 노동시장 불안정성을 분석했다. 그 결과 노동시장에서 노인의 불안정성은 심각한 것으로 나타났는데, 이는 앞서 살펴본 청년 집단과 여성 집단보다도 훨씬 더 심각하다. 특히 노인 중에서도 여성 노인은 여성과 노인이라는 두 특성이 함께 맞물려 더 큰 불안정성을 갖게 된다. 남성과 여성의 불안정 유형 규모 양상을 비교해 보았을 때, 남성은 '다소 불안정'과 '불안정하지 않음' 유형의 비중이 크고 또 증가한 반면, 여성은 '매우 불안정' 유형과 '불안정' 유형의 비중이 컸다. 게다가 서비스업 종사자의 대부분이 여기에 속했다. 서비스업이 중심이 된 탈산업화 사회에서 여성들의 노동시장 참여는 증가해 왔으며, 남성에 비해 평균 수명이 길기 때문에 여성 노인들은 노동시장에 더 오래 잔류할 가능성도 있다. 복지 제도도 남성 생계 부양자 위주로 설계되어 있는 상황에서 여성들은 복지 제도적 측면과 노동시장 측면에서 모두 불안정한 지위를 갖는다. 따라서 여성 노인들의 불안정성에 더욱 주목할 필요가 있다.

세계적으로 고령 인구의 비중이 늘고 있는 가운데 인구의 고령화로 인한 생산성 감소와 생산 인력 부족에 대응하기 위해 고령 고용을 촉진할 방안이 국내외에서 다양하게 제시되고 있고, 한국에서도 노인 일자리 사업, 직업훈련, 고용 촉진 장려금, 정년 연장제, 임금 피크제 등 노인의 취업 유지 및 재취업 촉진을 위한 다양한 정책들이 추진되고 있다. 정년 연장제와 임금 피크제는 기존 일자리가 이미 내부노동시장에 위치하고 있기에 불안정 노동에 해당하지 않을 가능성이 큰 노동자들이 주로 대상이 된다. 저소득 취약 고령자를 위해 실시하는 대표적인 정부 정책은 노인 일자리 사업, 직업훈련 등의 적극적 노동시장 정책이 있는데, 이런 정책들이 대부분 서비스산업을 중심으로 이루어지기 때문에 노동 불안정성이 심각한 서비스업으로 노인들이 진입하기 용이하게 만들 수 있다. 따라서 증가하는 노인 인력을 활용함에 있어 고용의 양적 증가에만 주목하기보다는 직업의 노동 불안정성을 완화할 질적인 고려를 할 필요가 있다.

한국의 노인들은 미성숙한 복지 제도로 말미암아 절반에 가까운 노인들이 빈곤선 아래에 위치한다. 공적 소득 이전이 불완전한 상태에서 노인들은 생계유지를 위해 일자리를 선택하고 근로소득에 의지한다. 그러나 분석 결과에서 보았듯이 심각한 노동 불안정성으로 인해 이들은 일을 해도 여전히 빈곤에서 벗어나지 못한다. 따라서 노인 빈곤의 심각성을 완화하고 노인들이 노동시장에 참여할 때 그 불안정성을 줄이려면 세 가지 방향의 정책이 동시에 추진되어야 한다. 하나는 많은 연구들에서 지적하고 있듯이 국민연금과 기초 연금 등의 소득 보장 제도를 개선하는 것이다. 그러나 국민연금 제도의 개선은 미래의 노인 세대를 위해 꼭 필요하지만 제도의 효과가 있기까지 일정 시간이 걸리므로 당장의 노인 빈곤을 완화할 수는 없다. 그러므로 필요한 나머지 정책은 노인 노동시장 여건을 개선하는 것이다.

앞으로 베이비붐 세대가 본격적으로 은퇴하기 시작하면 고령 노동력은 더욱 증가할 것이다. 따라서 불안정 노동이 심각하게 나타나는 노인 노동시장의 여건을 개선해, 소득 보장 제도로 충분한 소득을 보장받지 못하는 노인이 노동시장에 참여할 경우 빈곤선에서 벗어날 수 있어야 한다. 노인의 특성상 고용 측면에서 하루 8시간, 주 5일 근무와 같은 정규직으로 근무하기는 어려울 수 있다. 그러나 최소한 임금 측면에서 생활임금 수준을 보장할 필요가 있다. 또한 사회보험은 이 연구의 분석에서는 국민연금만 포함했기 때문에 세 가지 속성 가운데 가장 불안정성이 낮게 나왔지만 산재보험을 포함할 경우 다른 측면보다 더욱 불안정성이 심각해진다. 산재보험 통계에 따르면 다른 어떤 연령대보다 60세 이상의 고연령대에서 산업재해 발생률이 높기 때문에, 산재보험은 노인 노동자에게 더욱 중요할 것이다.

마지막으로 사회 서비스 개선이 필요하다. 한국의 사회복지 지출은 1990년대 초반 GDP의 3퍼센트에 불과했지만, 최근 급증해 2012년에는 10퍼센트까지 증가했다. 그럼에도 복지 제도는 여전히 낙후된 편이다. 특히 현금 지원 위주가 되다 보니 사회 서비스 수준이 매우 낮다. 노인들에게는 단순히 현금 지원만 중요한 것이 아니다. 예를 들어, 노인 세대는 다른 세대에 비해 특히 의료비 지출 비중이 매우 크다. 기초 연금 급여에 대한 조사에서 의료비에 도움이 된다고 밝힌 노인이 많은 이유다. 그러나 의료비가 현금으로 주어진다고 해도 이동이 불편한 노인들의 경우 병원 접근성이 떨어지기 때문에 병원 이용에 제한을 받을 수도 있다. 기초 연금 제도가 노인들의 생활에 적지 않은 도움이 되고 있음은 확실하지만, 이제는 단순히 현금 급여의 지급을 넘어 실질적으로 노인들의 삶의 질을 개선할 수 있는 사회 서비스의 확충에도 관심을 기울일 때다.

이 장에서는 기존에 불안정 노동, 노동시장 연구 등에서 소홀히 다뤄져 왔던 65세 이상의 노인 노동자들에 주목해 이들의 불안정 노동을 분석했고, 이는 앞으로 노인 노동시장의 연구에 기여할 것으로 판단된다. 특히 비임금노동자까지 포괄해 노인 노동시장 전체의 불안정 노동을 분석했다는 의의가 있다. 또한 산업별 불안정 노동 분석을 통해 사회구조적 맥락 속에서 노인 불안정 노동의 변화 양상을 확인했다. 그러나 비임금노동자 중 무급 가족 종사자를 포함하지 못했고, 자료의 한계 탓에 사회보험 불안정성을 측정할 때 다양한 보험을 모두 포괄하지는 못했다. 앞으로 고령화가 진행됨에 따라 일하는 노인도 증가하리라고 예상되기에, 노동시장에서 일하는 노인들에 대한 관심과 연구는 더욱 필요해질 것이다.

7장

불안정 노동의 계급화

프레카리아트의 형성

1. 한국 불안정 노동의 새로운 계급화

이 장에서는 서비스 경제 사회의 특징을 반영하는 계급 구분에 기초해 한국의 불안정 노동을 분석하는 것이 주요 목적이다. 특히 어떤 계급/계층을 중심으로 불안정 노동이 형성되고 있는지를 분석하고, 프레카리아트[1]화되어 가고 있는 불안정 노동 집단의 규모와 변화 추이를 살펴보고자 한다.

지금까지 인구 집단별 불안정 노동을 분석했다면, 여기에서는 불안정 노동을 개인의 계급적 지위 구분에 기초해 분석할 것이다. 기존 연구들은 노동의 불안정성을 주로 노동시장에서의 고용 형태에 주목

---

1 프레카리아트precariat는 '불안정한'이라는 의미의 이탈리아어 프레카리오precario와 노동자계급을 뜻하는 프롤레타리아트proletariat의 합성어로, 한 사회에서 분명하게 구분되는 사회경제적 집단을 의미한다. 프레카리아트는 그 자체로 계급이라기보다는 현재 계급화 과정에 있는 불안정한 노동 집단이다 (Standing 2011, 7). 프레카리아트는 근로 빈곤이나 불안정한 고용insecure employment과 상관관계가 높지만 이들과 동일한 개념은 아니다(Standing 2011, 9).

해 분석해 왔다. 하지만 노동의 불안정성을 고용 형태로만 파악해서는 불안정성의 복합적 속성을 충분히 포괄하기 어렵다. 또한 분석 단위를 개인으로 하는 고용 형태 개념은 특정 시점에서의 노동시장 지위를 반영할 뿐이다. 그 결과 일반적으로 저임금·저숙련 비정규직들의 고용조건 등이 매우 열악한 것이 자명함에도, 자발적 선택에 의한 비정규직의 경우[2]라든지, 고숙련 전문직이면서 고용 형태가 비정규직인 경우 등과 같은 예를 제시하며 비정규직의 문제를 과소평가하려는 논쟁에서 자유로울 수 없다.

그러나 이 장에서와 같이 계급적 지위를 기준으로 노동의 불안정성을 분석하게 되면 이런 논쟁들에서 어느 정도 자유로워질 뿐만 아니라, 어떤 계층들이 노동의 불안정성에 직면해 있는지를 좀 더 구체적으로 드러냄으로써 사회정책의 대상 집단을 더 명확히 할 수 있는 장점이 있다. 계급적 지위는 분석 단위가 개인이 아니라 개인들의 집합인데, 특정 계급에 속해 있다는 것은 노동시장에서의 직업 경험, 사회적 보호에서의 배제 경험 등이 유사한 집단에 속해 있음을 의미한다. 따라서 논쟁의 여지가 있는 고용 형태 개념보다는 좀 더 과학적이고 객관적인 계급 개념을 사용해야 분석적으로도 더 유용하리라고 판단된다.

이 장에서는 서비스 경제 사회의 특성을 반영하는 새로운 계급 분류를 적용해 계급을 구분하고자 한다. 1970년대 이후 대부분의 선진

---

2 2013년 통계청 발표에 따르면, 48퍼센트 정도의 노동자들이 비정규직을 자발적으로 선택했다고 응답하는 것으로 나타났다. 물론 이런 통계치는 자발성에 대한 정의 및 측정의 문제 등에서 타당한 척도를 사용하고 있느냐의 문제 제기 등이 존재하므로 해석에 유의할 필요가 있다.

자본주의국가는 서비스 경제 사회로의 전환을 경험했는데, 이런 변화의 큰 특징 중 하나는 계급 구조의 변화라 할 수 있다(Oesch 2006b). 특히 중간계급의 등장은 서비스 경제로의 전환 과정에서 나타나는 가장 전형적인 현상 가운데 하나였고, 많은 계급론 연구들은 이런 중간계급을 새로운 계급으로 재분류하는 데 관심을 가져왔다(신광영 2008; Wright 1989; Goldthorpe 2000; Oesch 2003, 2006b). 하지만 기존의 노동시장 불안정성에 대한 연구에서는 이런 변화된 계급 구조의 특성을 반영한 연구가 매우 드물다.

따라서 이 장에서는 서비스 경제에서 나타나는 새로운 계급 구분에서 출발해, 어떤 계급들이 불안정 노동에 지속적으로 노출되어 프레카리아트화되어 가고 있으며, 그 규모는 어떤지를 확인하고자 한다. 프레카리아트를 노동시장의 불안정성을 경험하고 있는 사회경제적 집단으로서 현재 형성되고 있는 계급이라고 보았을 때(Standing 2009), 이 장에서는 현재의 어떤 계급들이 프레카리아트화되어 가고 있는지를 밝히고, 표준적 고용 관계에 기초해 설계된 사회보험 중심의 전통적 사회정책이 이 계급들의 불안정성을 적절히 포괄하고 있지 못함을 확인할 것이다. 이를 통해 비표준적 고용 관계가 표준화되어 가고 있는 서비스 경제 사회에 적합한 사회정책을 설계하는 데 유용한 함의를 제공하고자 한다.

2. 서비스 경제화와 불안정 노동 그리고 계급

1) 서비스 경제화와 새로운 계급의 출현

서비스 경제 사회로의 전환은 산업부문에서 서비스업 고용을 증가시켰을 뿐만 아니라, 기업 조직에서 소유와 경영, 관리 기능의 분리, 직업 측면에서 전문직 종사자의 등장, 복지국가에서 공공 부문 고용의 확대와 여성 경제활동의 증가, 중산층의 분화 등으로 말미암아 새로운 중간계급의 출현을 촉진했다(신광영 2008; Wright 1989; Goldthorpe 2000; Oesch 2006b). 이와 함께 노동시장에서의 계급 구조에 대한 논의도 변화해 왔다.[3] 기존의 계급 분류 기준을 그대로 사용하면서 새롭게 등장한 중간계급을 '모순적 계급 위치'로 규정하고 계급을 자본가계급, 프티부르주아, 중간계급, 노동계급으로 구분하는 논의(Wright 1985)부터, 서비스업 중심 사회로의 전환에 주목해 서비스 노동자를 새로운 계급으로 분류하는 논의(Goldthorpe 2000), 그리고 전통적 계급 이론들이 탈산업사회에 적합하지 않다고 지적하면서 산업구조 및 고용구조

---

3 일반적으로 계급 분석은 계급 구조, 계급 형성, 계급 갈등을 이해하기 위한 것이다(신광영 2008, 242). 이 장에서는 계급 구조 분석에 주목하는 한편, 계급 구조에 따른 노동 불안정성에 차이가 발견되는지를 확인하고자 한다. 계급 구조 분석은 계급을 분류하는 기준에 따라 세 가지 접근 방식으로 진행되어 왔다. 계급을 개인적 속성과 물질적 생활 조건에 근거해 분류하는 계층 연구 접근, 경제적 기회의 축적과 배제에 따라 분류하는 베버주의 전통의 접근, 지배와 착취의 관계에 따라 분류하는 마르크스주의 전통의 접근 등이다(Wright 2009). 이 장에서의 계급 구분은 베버주의와 마르크스주의 계급 분류 논의를 비판하면서 서비스 경제의 특성을 반영해 계급을 분류하는 다니엘 외슈(Oesch 2006b)의 계급 구분에 기초한다.

의 변화를 반영한 새로운 계급 범주를 제시하는 논의들이 있어 왔다(Esping-Andersen 1993; Oesch 2006b; Standing 2009).

이 새로운 계급 관련 논의 가운데 마르크스주의 전통을 따르는 에릭 올린 라이트(Wright 1985)나 베버주의 전통을 따르는 존 골드소프(Goldthorpe 2000)의 계급 분류는 사회적 생산관계나, 생활 기회의 축적, 고용 계약 관계를 기준으로 계급을 구분하고 있는데, 전통적 산업사회의 계급 분류 기준을 그대로 적용함으로써 서비스 경제로의 산업구조 변화를 계급 구조 분석에서 충분히 소화하지 못하고 있다(신광영 2008, 76). 이에 비해 예스타 에스핑-안데르센(Esping-Andersen 1993)은 계급을 포드주의적 위계와 포스트 포드주의적 위계로 구분함으로써 서비스 경제로의 산업구조 변화를 계급 구조 분석에 반영하고 있다. 그의 계급 구분은 숙련을 요구하는 직종과 판매직 등 저숙련 직종으로 고용의 위계적인 양극화 패턴이 나타나고 있는 서비스 경제 사회의 특징(Oesch 2006b, 37)을 반영한다는 점에서 의미가 있다. 그러나 이런 수직적 계급 분화뿐만 아니라, 중간계급 내에서의 수평적 분화 현상 또한 가속화 되고 있는데, 기존의 계급 구분 논의들은 이 점을 충분히 반영하고 있지 못하다는 한계가 있다(신광영 2008, 79-80; Oesch 2006b, 39).

이에 비해 다니엘 외슈(Oesch 2006b)는 '서비스업 증가'와 '여성의 노동시장 참여 증가', '교육 수준 증가'라는 노동시장의 변화 경향이 상호 결합해 나타나는 계급 구조의 수평적·수직적 위계를 반영해 계급을 분류하고 있다. 외슈(Oesch 2006b)는 골드소프(Goldthorpe 2000)와 라이트(Wright 1985)의 계급 구분 기준[4]을 비판적으로 재구성하면서 계급 구조를 분석하고 있다. 우선 외슈(Oesch 2006b)는 대부분의 계급 이론에서 수용되고 있는 생산수단의 소유 여부에 따른 계급 구분은 그대로 유지하고 있다. 다음으로 생산수단을 소유하지 않은 피용인들을 계급으로 분류하는 방식에서는 골드소프(Goldthorpe 2000)와 라이트(Wright 1985)의 계급 분류 기준을 차용하거나 변경하는 방식으로 새롭게 계급을 분류하고 있다.

그는 숙련marketable skill과 작업 방식work logic을 두 기준 축으로 삼아 서비스 경제에서의 계급을 구분하고 있다(Oesch 2006b). 숙련 기준은 골드소프(Goldthorpe 2000)가 제기한 고용계약 관계 개념의 조작적 정의에 따른 모호성을 비판적으로 수용한 계급 구분 기준으로서 계급의 수직적 위계 구조와 관련된다. 작업 방식 기준은 계급의 수평적 위계 구조와 관련되는데, 외슈(Oesch 2006b)가 서비스 경제의 특성을 반영하기 위해 라이트(Wright 1985)의 조직 자산 기준을 비판적으로 확대·재구성해 새롭게 제시하고 있는 계급 구분 기준이다. 그는 조직 자산 기준만으로는 서비스 경제 사회에서 중간계급들이 경험하는 서비스 노동과정의 수평적 차이를 충분히 드러내지 못하기 때문에, 조직 자산에 기초한 작업 방식 이외에 또 다른 일상적 작업 방식에 주목함으로써 중간계급 내의 구조적 균열을 더 타당하게 파악할 수 있다고 보고 있다.

그는 서비스 경제 사회에서의 피용인들이 경험하게 되는 작업 방

---

4 골드소프(Goldthorpe 2000)는 고용계약 관계의 개념에 기초해 계급을 서비스 계급, 중간계급, 노동계급으로 구분하고 있고, 라이트(Wright 1985)는 생산수단의 소유 여부, 기술 및 학력 자산과 조직 자산의 수준을 기준으로 자본주의의 사회 계급을 열두 가지로 구분하고 있다. 생산수단의 소유 여부와 기술 및 학력 자산을 계급 분류의 기준으로 사용하는 것은 라이트(Wright 1985)뿐만 아니라 외슈(Oesch 2006b) 등 대부분의 계급 이론에서 널리 수용되고 있다(Oesch 2006b, 66).

표 7-1 | 세 가지 작업 방식과 특징

구분	기술적 작업 방식	조직적 작업 방식	대인적 작업 방식
업무/일의 진행 setting of work process	규격화된 기술 technical parameters	관료적 업무 분장 Bureaucratic division of labour	대면 접촉 서비스 face-to-face exchange
권력관계 relations of authority	• 고위직 : 명령 체계 외부에서 작업 • 하위직 : 명령 체계 내에서 작업	관료적 명령 체계 내에서 작업	주로 명령 체계 밖에서 작업
1차적 관심 대상 primary orientation	전문직 공동체	고용한 기관	클라이언트, 학생, 환자
숙련 요건 skill requirements	• 고위직 : 과학적 전문성 • 하위직 : 기술, 육체적 숙련	• 고위직 : 조정과 통제 기술 • 하위직 : 판매 기술	• 고위직 : 전문성, 사회성 기술 • 하위직 : 사회성 기술

자료 : Oesch(2006b, 64).

식을 크게 기술적·조직적·대인적 작업 방식으로 구분해 중간계급의 수평적 분할을 분석하고 있다.[5] 이 세 가지 작업 방식의 특징은 〈표 7-1〉과 같다.

이들 중에서 서비스 경제의 특징을 가장 잘 드러내는 것이 대인적 직업 방식interpersonal work logic이다. 사회 서비스, 의료 및 교육 서비스뿐만 아니라 판매 서비스, 여가 서비스 등 대부분의 서비스업에서 작업 경험은 다른 사람을 돌보고, 클라이언트와 상담하는 등의 대인 서비스에 기반을 두고 있다는 점에서 대인적 작업 방식은 서비스 경제 사회의 특성을 드러내는 데 가장 중요하다. 이런 측면에서 보면, 라이

---

5 여기에 추가적으로 외슈(Oesch 2006b)는 생산수단을 소유하고 있는 집단인 고용주와 자영업자 집단을 독립적 작업 방식으로 명명해 구분하고 있다.

트(Wright 1985)의 조직 자산 기준에 기초한 계급 분류는 서비스 경제 사회의 특성을 충분히 반영하지 못하고 있다(Oesch 2006b, 61-62). 그리고 이런 대인적 작업 방식은 사람들과 소통하고 상호 작용하는 능력인 사회성 기술social skills을 필요로 하는데, 이 기술은 고숙련뿐만 아니라 저숙련 서비스직 노동자들도 사용한다(Gallie et al. 1998, 52). 즉 서비스 경제 내 계급 구분에서는 숙련 수준에 따른 수직적 분할 이외에 숙련 수준이 통제된 상태에서 수평적으로 분할되는 또 다른 균열 지점을 일차적으로 고려하는 것이 중요한데(Oesch 2006b, 62) 이때 기준이 되는 것이 작업 방식이다. 이와 같이 외슈(Oesch 2006b, 2008)는 작업 방식과 숙련 수준을 기준으로 서비스 경제 사회에서 중간계급의 다양성을 잘 반영한 계급 구분 틀을 제시해 주고 있다.

2) 계급의 분류

노동시장에서의 지위보다는 직업에 기초한 계급 구분이 더 유용하다(Oesch 2006b). 유사 직종에 속한 사람들은 고용 경력과 불안정성을 유사하게 공유할 가능성이 크기 때문이다(Häusermann & Schwander 2009). 이 연구에서 취업자들의 계급 구분은 외슈(Oesch 2006b, 2008)의 분류 기준에 따른다. 외슈(Oesch 2006b, 2008)는 1998년 국제표준직업분류(이하 ISCO-88) 네 자리 코드에 기초해 계급을 15개로 구분하고 있다(<표 7-2> 참조).

이 책에서는 ISCO-88과 제5차 한국표준직업분류(이하 KSCO-5)를 연계한 코드에 기초해 계급을 분류했다. 다만 한국노동패널에서는 세 자리 코드 값만을 제공하기 때문에 이 세 자리 코드 값을 활용했다. 각 계급의 구분 절차는 다음과 같다. 우선 자영업자/고용주와

표 7-2 | 서비스 경제에서의 계급 구조

작업 방식					
독립적 작업 방식	기술적 작업 방식	조직적 작업 방식	대인적 작업 방식		
① 고용주(피용인 5명 이상), 자영 전문가 (변호사, 회계사 등)	④ 기술 전문가 (컴퓨터 전문가 등)	⑧ 고위 관리자(공공 서비스 행정가 등)	⑫ 사회문화 전문가 (대학 교수 등)	전문/ 관리직	
② 프티부르주아 (피용인 4명 이하, 레스토랑 경영자 등)	⑤ 기술자(전기기술자, 안전 검사원 등)	⑨ 관리자(소규모 기업 관리자 등)	⑬ 사회문화 준전 문가(초등학교 교사 등)	준전문/ 관리직	숙련도
③ 피용인이 없는 자영업자	⑥ 숙련 장인 (목수 등)	⑩ 숙련 사무직 (비서 등)	⑭ 숙련 서비스직 (요리사 등)	일반/ 직업적 숙련	
	⑦ 단순 기능공, 농림·어업 관련 단순 종사자	⑪ 일반 사무직 (점원 등)	⑮ 일반 서비스직 (가사 도우미 등)	낮은/ 비숙련	

자료 : Oesch(2008), Häusermann & Schwander(2009, 11).

피용인을 구분하고, 자영업자/고용주는 다시 피용인이 다섯 명 이상[6] 인 경우는 대규모 고용주, 피용인이 1~4명이고 변호사, 회계사 등 전문직인 경우는 자영 전문가로 분류한다(〈표 7-2〉의 ① 집단). 그리고 피용인이 1~4명이고 전문직이 아닌 경우는 피용인이 있는 프티부르 주아로 분류하고(〈표 7-2〉의 ② 집단), 그 외의 자영업은 피용인이 없 는 소상공인으로 분류한다(〈표 7-2〉의 ③ 집단). 다음으로 피용인 계급 은 기술 전문가 등 12개 계급을 KSCO 제5차 코드에 기초해 분류했 다(〈표 7-2〉의 ④~⑮). 그리고 12개 계급을 숙련 수준에 따라서 전문/ 관리직, 준전문/관리직, 일반 숙련, 저숙련으로 구분해 수직적으로 배치했다.

여기에서는 외슈(Oesch 2008)의 제안에 따라 15개 계급을 다시 8개

---

6 외슈(Oesch 2006b, 2008)는 피용인 아홉 명을 기준으로 계급을 분류했으나, 여기에서는 한국 상황을 반영 해 영세 자영업으로 분류되는 기준으로 다섯 명 미만 기준을 사용했다(이승렬·김종일·박찬임 외 2009, 11).

계급으로 통합해 최종 분석에 사용했다. 즉 독립적 작업 방식independent work logic에 해당하는 계급의 경우 ①의 고용주와 자영 전문가 집단을 전통적 부르주아계급Traditional Bourgeoisie, TB으로, ②와 ③ 집단을 소상공인Small Business Owners, SBO 계급으로 분류했고, 기술적 작업 방식technical work logic에 해당하는 ④와 ⑤ 집단을 기술 전문가Technical Specialists, TS 계급으로, ⑥과 ⑦ 집단을 생산직 노동자Production Workers, PW 계급으로 분류했다. 그리고 조직적 작업 방식organizational work logic에 해당하는 계급인 ⑧과 ⑨ 집단은 관리자Managers, M 계급으로, ⑩과 ⑪ 집단은 사무원Clerks, C 계급으로 구분했다. 마지막으로 대인적 작업 방식interpersonal work logic에 해당하는 ⑫와 ⑬ 집단은 사회문화 전문직Socio-Cultural Professionals, SCP 계급으로, ⑭와 ⑮ 집단은 저숙련 서비스 노동자Service Workers, SW 계급으로 구분했다.

지금까지 살펴본 취업자에 대한 계급 구분에 더해, 이 책에서는 기존 논의들을 바탕으로 실업자 중 장기 실업자와, 비경제활동인구 중 잠재적 실업자 집단을 불안정 노동 집단으로 분류했다. 잠재 실업자에는 경계 노동자와 취업 준비자가 포함된다. 잠재 실업자는 실망 실업자(또는 구직 단념자), 계절노동자, 경계 노동자로 구분되며, 잠재적 실업의 보조 지표로 취업 준비자와 '쉬었음 인구'가 있다(황수경 2011). 이 연구에서는 경계 노동자와 취업 준비자를 불안정 노동 집단으로 분류했다.

경계 노동자는 취업 의사가 있고 즉시 취업이 가능하지만, 노동시장적 사유[7]와 함께 육아·가사·통학·심신장애 등으로 말미암아 직장을 구하지 않는 경우로 구직 단념자 또는 실망 실업자 개념을 포괄하고 있다(권우현·강병구·강민정 2009, 42). 취업 준비자는 취업을 위해 학원 등을

다니거나 개인적으로 취업을 준비 중인 자이다. 이 장에서 이들을 프
레카리아트 집단으로 포함하는 이유는 이들이 주로 청년·여성·노인
등의 유사 실업자군으로서 노동시장의 취약 계층에 포함되기 때문이
다(황수경 2010, 108). 이들은 대부분 소득·고용·사회보험 등에서 배제되어
있는 불안정 노동 집단이라고 할 수 있다.

특히 취업 준비자의 경우 청년층 고학력자를 중심으로 빠르게 증
가하고 있고, 29세 미만의 비율이 74.4퍼센트에 달하는 것으로 나타
났는데(권우현·강병구·강민정 2009, 125), 여기에서는 이 청년 집단들의 불안정성
을 포괄하는 의미에서 취업 준비자를 프레카리아트화되어 가는 집단
으로 규정하고자 한다. 장기 실업자와 취업 준비자는 고학력층이 많
이 포함되어 있지만, 소득·고용·사회보험에서의 배제 등 그들이 경
험하는 노동시장 상황 등을 고려할 때 불안정성에 노출되어 있다고
간주했기 때문이다. 특히 장기 실업자의 경우는 일반 실업자와 달리
실업이 장기화되면서 비경제활동인구로 전환될 가능성이 크다는 점
까지 고려한다면 불안정한 노동 집단으로 규정하는 데 무리가 없으
리라고 판단했다.

---

7 노동시장적 사유에는 ① 적당한 일거리가 없을 것 같았거나(전공·경력·임금수준·근로조건), ② 이전에
   구직해 봤지만 일거리를 찾을 수 없었거나, ③ 자격이 부족(교육·기술·경험 부족, 나이 불일치)하다는 이
   유 등이 포함된다(황수경 2009, 110).

3. 서비스 경제와 계급 그리고 프레카리아트 분석

1) 서비스 경제화와 계급 구성의 변화

분석 결과, 계급 구성의 변화 경향은 〈표 7-3〉과 같다. 〈표 7-3〉을 보면, 지난 10여 년간 한국 노동시장의 특징과 변화 경향이 직업 계층 구성의 변화에 그대로 반영되어 있음을 알 수 있다. 제조업 축소, 서비스 경제로의 전환, 여전히 큰 자영업 비중 등이다. 우선 제조업의 축소는 생산직 노동자의 감소로 나타나고 있다. 2002년 25.9퍼센트였던 생산직 노동자는 2014년 21.4퍼센트로 5퍼센트포인트 가까이 감소했다. 제조업 생산의 GDP 대비 비중은 1990년 27.3퍼센트, 2000년 29.0퍼센트, 2010년 30.7퍼센트로 증가했고 2015년에는 29.5퍼센트였다. 그러나 제조업의 고용 비중은 같은 기간 27.2퍼센트, 20.3퍼센트, 16.9퍼센트로 하락했고 2015년에는 17.3퍼센트였다(장하성 2017). 한국은 OECD 국가들 중에서 제조업 비중이 여전히 높은 나라에 속하지만, 전형적인 '고용 없는 성장' 양태가 한국의 제조업에서 나타나고 있다. 그뿐만 아니라 조선·석유화학·철강·건설업 등 한국 제조업을 대표했던 산업들의 구조 조정으로 말미암아 제조업에서의 고용은 더 감소할 것으로 예상된다.

이에 대해 최근 제조업의 자동화 및 고부가가치 산업화가 강조되고 있는데, 이 연구의 분석 결과에서도 이 분야의 직업 계층은 다소 증가하고 있는 것으로 분석되었다. 기술 전문가의 비율이 2002년 3.8퍼센트에서 5.5퍼센트로 증가한 것이다. 기술 전문가 계급의 증가는 정보 통신 기술이 확산됨에 따라 고숙련 기술 전문가 수요가 늘

표 7-3 | 계급 구성의 변화 경향

작업 방식	계급	2002년	2010년	2014년
대인적	사회문화 전문가	7.1	9.4	9.8
	저숙련 서비스 노동자	21.8	21.4	21.5
기술적	기술 전문가	3.8	5.4	5.5
	생산직 노동자	25.9	22.6	21.4
조직적	관리자	7.4	7.5	8.2
	사무 노동자	8.4	9.6	10.5
독립적	자영 전문가 및 대기업주	4.3	6.0	5.5
	소상공인	21.3	18.1	17.6
	전체	100.0	100.0	100.0

자료 : 한국노동패널 분석.

어나고 지식 집약적 업종이 파생된 결과이기도 하고(허재준 2007, 53), 고 부가가치 서비스로의 구조 전환에 따른 과학 및 기술 서비스업의 증가(박정수·김천곤·이건우 2012)에 따른 결과라고도 해석할 수 있다. 또한 기술 전문가 계급의 증가는 서비스에 대한 수요 증가에 따른 제조업 자체 의 서비스화와도 관련된다. 예를 들면, 자동차 산업의 경우 완성차 생산공정보다 보험이나 정비 부문의 수요가 증가하고, PC 산업의 경우 업그레이드 서비스 등 유지 관리 서비스의 수요가 증가하는 등 서 비스 부문의 수요 패턴이 변화함에 따라 제조업 자체의 서비스화가 진행된 결과(허재준 2007, 55), 이와 관련된 기술 전문가 계급의 수요가 증 가했다고 할 수 있다. 그러나 여전히 한국 제조업은 고부가가치 제조 업종에서의 생산성이 높지 않다(장하성 2017). 결국 고용 증가를 담보하고 있지 못한 한국 제조업의 현실을 감안할 때, 한국 노동시장의 고용 불안정은 실업으로 말미암은 소득 불안정, 그리고 고용과 연계된 사 회보험의 불안정으로까지 이어짐으로써, 삶의 전반적인 불안정성이 확대될 가능성을 높이고 있다.

반면에 서비스 경제로의 산업구조 변화는 이미 안정적인 단계로 진입한 것으로 보인다. GDP에서 서비스업이 차지하는 생산 비중은 1990년 51.9퍼센트, 2000년 57.5퍼센트, 2015년 59.7퍼센트로 커졌고, 고용 비중은 1990년 46.7퍼센트, 2000년 62.6퍼센트, 2015년 70.1퍼센트로 올라갔다(장하성 2017). 이런 변화는 직업 계층구조의 변화에서도 나타난다. 〈표 7-3〉을 보면, 2014년 서비스업으로 구분되는 교사 등 사회문화 전문가의 비율은 2002년에 비해 약 3퍼센트 포인트 증가했고, 저숙련 서비스 노동자 비율은 21퍼센트 수준을 꾸준히 유지하고 있었다.

2014년 현재 제조업 중심인 기술적 작업 방식에 기초한 직업 계층의 비율이 27퍼센트 수준으로 2002년 이후 지속적으로 감소한 반면, 서비스업의 특징인 대인 작업 방식에 기초한 직업 계층의 비율은 전체 취업자의 30퍼센트를 넘겼다. 소득이 늘어나면서 보건 및 사회 복지 서비스와 교육 서비스 그리고 레저 및 외식 서비스 등에 대한 수요가 증가함으로써, 이와 관련된 서비스 노동자계급의 고용이 확대되었다고 할 수 있다. 그런데 이런 서비스 노동자의 증가는 한국 사회에서 불안정 노동이 양산되는 주요 통로로 작용할 것으로 예상된다. 왜냐하면 이들 업종에는 임금, 고용 형태, 사회보험 적용률에서 매우 열악한 직업 계층이 많기 때문이다. 한국에서 서비스업의 확대 역시 삶의 불안정성과 직결될 가능성이 크다.

마지막으로 소상공인의 비율이 취업자의 18퍼센트 정도로 높은 수준을 유지하고 있다. 자영업자 수는 2005년 617만2천 명으로 정점을 찍은 뒤 감소 추세에 있지만(통계청 2015c), 그럼에도 여전히 한국에서는 자영업이 중요하게 작동하고 있음을 보여 준다. 실업 보장이나 사회적 안전망이 제대로 갖추어져 있지 않은 한국 상황에서 자영업이 내실을 갖출 수 있다면, 실업의 완충 기능을 할 뿐만 아니라, 실직 및 은퇴 이후의 소득수준을 유지하는 데도 매우 중요한 역할을 할 수 있을 것이다. 그러나 현실은 그렇지 않다. 현재 베이비붐 세대들은 은퇴 이후에 마땅한 생계유지 대안을 찾지 못해 자영업 창업에 투자하고 있다. 그런데 이들은 대부분 도소매와 음식업 등 진입 장벽이 낮은 자영업에 집중되어 있다. 그래서 전체 자영업은 줄어들고 있음에도 도소매업과 숙박 음식업은 증가하고 있다.

그러나 문제는 자영업의 불안정성이 매우 높다는 점이다. 국세청의 『국세통계연보』에 따르면, 2004~13년 개인 사업자 창업은 949만 개, 폐업은 793만 개로 이를 단순 비교하면 생존율은 16.4퍼센트에 불과했다. 2014년에는 전체 자영업 폐업 가운데 음식점이 23퍼센트를 차지했다. 편의점·옷가게 등 소매업의 폐업자는 전체의 20.6퍼센트였다. 결국 음식점과 소매업의 폐업자가 전체의 43.6퍼센트나 차지하고 있었다. 이들 가운데 대부분은 50대 이상의 중·고령자이며, 최근에는 60대 이상의 자영업 창업이 늘고 있다.

게다가 통계청의 가계동향 조사에 따르면, 2013년 자영업자의 평균 소득은 임금노동자의 75퍼센트 수준에 불과했다(김복순 2014). 한국은행의 국민 계정 통계자료에 따르면, 2012년 기준 임금노동자 가구의 월평균 소득은 437만 원이었는데, 자영업자 가구는 357만 원이었고, 145만 가구가 (소득 하위 40퍼센트 이하에 해당하는) 월평균 소득 217만 원 이하인 '생계형 자영업' 가구였다. 그리고 2012년 국세청에 소득을 신고한 개인 사업자 395만 명 가운데 56퍼센트인 221만 명이 월

평균 소득 1백만 원 미만이었다. 사회보험의 경우 고용보험과 국민연금에 대한 두루누리 사업이 시행되고는 있지만 그 실효성이 매우 낮다. 결국 한국의 자영업은 높은 폐업으로 말미암은 고용 불안, 낮은 수익률과 부채에 따른 소득 불안, 사회보험에서의 배제 등 중첩적 불안정성에 노출되어 있다.

2) 어떤 계급이 프레카리아트인가

앞서 말했듯이 프레카리아트란 '불안정한' '프롤레타리아트'의 합성어로, 대개 불안정한 노동 집단을 뜻하는 의미로 사용되고 있다(강남훈 2013; 곽노완 2013; 이광일 2013; Standing 2009, 2011). 프레카리아트는 그 자체가 계급으로 규정되기도 하지만(이진경 2012; 강남훈 2013; 곽노완 2013), 하나의 계급적 특성을 가진다기보다는 계급화되어 가고 있는 집단으로 규정하는 것이 더 타당하다(Standing 2011). 이 책에서는 후자의 입장을 취한다. 이 같은 집단들이 불안정성에 노출되어 있는 것은 맞지만, 계급으로서의 동일한 정체성을 형성하고 있는지는 아직 확인되지 않았기 때문이다.

프레카리아트화되어 가는 계급을 불안정성이 지속적으로 유지되고 있는 집단으로 정의하고, 이들이 어떤 집단인지는 다음과 같은 절차로 판별했다. 먼저 취업자들을 다음과 같은 절차로 판별했다.

첫째, 불안정성 수준이 높은 계급을 선별한다. 그 절차는 다음과 같다.

a. 전체 표본에 대해 불안정 범주들의 비율을 구한다.

b. 각 계급의 불안정 범주들의 비율을 구한다.

c. a와 b를 비교해 전체 표본의 '매우 불안정'과 '불안정하지 않음' 범주 비율보다 각 계급의 '매우 불안정' 범주의 비율이 높거나 '불안정하지 않음' 범주 비율이 낮은 계급을 불안정한 것으로 판정한다.

둘째, 이렇게 판별된 계급의 불안정성이 지속되고 있는지를 전이 확률transition probabilities을 구해 판단한다. 전이 확률은 t−1 시점에서의 상태 또는 범주가 t 시점에서의 상태 또는 범주로 변할 확률을 의미하는데, 동일한 상태 또는 범주로의 전이 확률이 높다면 그 상태가 안정적으로 유지되고 있음을 의미한다. 그 절차는 다음과 같다.

a. 전체 표본의 불안정성 전이 확률을 구한다.

b. 앞서 선별한 불안정 수준이 높은 계급의 전이 확률을 구한다.

c. 각 불안정 범주의 전이 확률이 a보다 b가 높다면 이 계급은 불안정성이 지속되는 프레카리아트 계급이라고 판정한다.

먼저 분석 기간 2002년에서 2014년 사이 전체 표본의 불안정 비율과 각 계급의 불안정 비율은 〈표 7-4〉와 같다. 전체 불안정 범주의 비율을 보면, 불안정하지 않은 취업자는 27.6퍼센트 수준으로 나타났다. 각 계급별 불안정성을 살펴보면, 전체 표본보다 '불안정하지 않음' 범주의 비율이 낮은 계급은 저숙련 서비스 노동자, 생산직 노동자, 소상공인 순이었다. 그러나 '매우 불안정' 범주의 비율은 전체

표 7-4 | 계급별 불안정 비율

	매우 불안정	불안정	다소 불안정	불안정 하지 않음
전체	14.9	25.9	31.6	27.6
자영 전문가 및 대기업주	2.3	26.4	30.9	40.4
소상공인	4.0	38.2	34.0	23.8
사회문화 전문가	4.1	19.7	38.1	38.2
저숙련 서비스 노동자	35.1	30.8	20.9	13.2
기술 전문가	1.2	6.6	43.5	48.8
생산직 노동자	21.4	27.2	28.2	23.2
관리자	4.1	13.6	44.0	38.3
사무 노동자	8.9	12.0	37.1	42.0

표본보다 저숙련 서비스 노동자와 생산직 노동자에서만 높게 나타났다. 이 둘을 종합해 볼 때, 저숙련 서비스 노동자와 생산직 노동자 두 계급을 불안정성이 높은 계급으로 판단할 수 있다.

다음으로 불안정성의 지속성을 확인하기 위해 전체 표본과 저숙련 서비스 노동자, 생산직 노동자[8]의 불안정 상태 전이 확률을 구해 보았다(<표 7-5> 참조). 분석 결과를 보면 t-1 시점에서 '매우 불안정'한 상태가 t 시점에도 유지될 확률은 전체 표본이 73퍼센트, 저숙련 서비스 노동자계급은 77퍼센트, 생산직 노동자계급은 84퍼센트였다.

---

8 서비스 노동자는 조리 및 음식 서비스 종사자, 도소매 판매 종사자, 가사 및 관련 보조원 등 서비스 관련 단순 노무 종사자, 이·미용 종사자 등 대인 서비스 관련 종사자, 치료사 및 의료기사 등 의료 기술 종사자, 초등학교 보조 교사 등 교육 준전문가 등이 포함된다. 그리고 생산직 노동자에는 추출 및 건설 기능 종사자, 운전원 및 관련 종사자, 광업, 건설 및 운송 관련 단순 노무 종사자, 농림·어업 및 제조 관련 단순 노무 종사자 등이 포함된다.

표 7-5 | 불안정성의 전이 확률

		매우 불안정	불안정	다소 불안정	불안정하지 않음
전체	매우 불안정	**73.3**	18.3	6.3	2.1
	불안정	9.9	60.3	21.8	8.0
	다소 불안정	2.3	16.6	57.1	24.0
	불안정하지 않음	1.1	7.1	27.0	**64.8**
저숙련 서비스 노동자	매우 불안정	**76.5**	18.7	4.0	0.9
	불안정	20.6	57.0	18.6	3.8
	다소 불안정	5.5	21.4	50.3	22.9
	불안정하지 않음	1.4	5.2	27.7	**65.7**
생산직 노동자	매우 불안정	**84.3**	12.0	3.0	0.7
	불안정	10.8	67.0	16.6	5.7
	다소 불안정	2.2	13.7	56.9	27.2
	불안정하지 않음	0.6	4.7	28.7	**66.0**

'불안정하지 않음'의 경우에도 전체 표본은 65퍼센트, 저숙련 서비스 노동자와 생산직 노동자계급은 66퍼센트로 전체 표본보다 이전 상태를 유지할 확률이 높았다.

이와 같이 불안정성의 지속성에 대한 분석을 통해 한국 노동시장에서 프레카리아트화되어 가는 계급은 저숙련 서비스 노동자계급과 생산직 노동자계급으로 확인되었다. 두 계급의 고용, 임금/소득, 사회보험 각각에서 불안정성 수준은 〈표 7-6〉에 제시되어 있다.

우선 고용 불안정성의 경우 서비스 노동자계급은 2010년 고용 불안정성이 다소 감소했다가 최근 증가하는 경향을 보이고 있으며, 2014년에 저숙련 서비스 노동자 가운데 67퍼센트가 고용 불안정성을 경험하고 있었다. 반면에 생산직 노동자의 경우 고용 불안정성 비중은 지속적으로 감소하고 있었으며, 2014년에 그 비율은 55퍼센트 수준이었다. 절반 이상의 생산직 노동자계급은 여전히 고용 불안정

표 7-6 | 프레카리아트 계급의 고용, 임금/소득, 사회보험 배제

		고용 불안정	임금/소득 불안정	사회보험 불안정
저숙련 서비스 노동자	2002년	67.5	52.6	84.2
	2010년	62.8	60.2	61.6
	2014년	67.0	54.5	60.3
생산직 노동자	2002년	59.0	38.8	64.2
	2010년	57.1	39.5	47.0
	2014년	55.3	32.1	46.6

에 직면해 있다.

다음으로 임금/소득 불안정성의 비중은 저숙련 서비스 노동자에게서 더 심각했다. 생산직 노동자들 중에 2014년 임금/소득 불안정을 경험하고 있는 비율이 32퍼센트 수준이었지만, 저숙련 서비스 노동자의 경우 그 비중이 55퍼센트에 달했다. 서비스 노동자계급이 소득의 불안정성을 경험할 가능성이 큰 이유는 서비스 경제화의 과정에서 숙련 분화와 관련된다. 서비스 경제화의 과정에서 숙련의 분화는 제조업보다 서비스업에서 더 크게 나타나고 있으며, 그로 말미암아 서비스업 내의 임금 불평등이 전체 임금 불평등을 가장 많이 설명하는 것으로 나타난다(Lee & Baek 2012). 이 연구의 분석 결과에서도 주로 제조업에 속해 있는 생산직 노동자계급보다는 서비스업의 저숙련 서비스 노동자들의 소득 불안정성이 높은 것으로 나타나고 있는데, 이는 서비스 경제로의 전환 과정에서 나타나는 서비스업의 숙련 분화와 그에 따른 저숙련 서비스 노동자들의 저임금화 경향이 반영된 결과라 할 수 있다(백승호 2014).

마지막으로 사회보험 불안정성의 경우에도 이 두 계급 간에 다소 차이가 있었다. 2010년 생산직 노동자들 가운데 사회보험 불안정성을 경험하고 있는 비중은 47퍼센트였지만, 저숙련 서비스 노동자는 그 비중이 60퍼센트를 넘어섰다. 두 계급에서 사회보험 불안정성이 매우 높다는 것은 주목할 필요가 있다. 현행 4대 사회보험법은 모두 1인 이상 사업장의 노동자와 사용자를 적용 대상으로 규정하고 있고, 이를 근거로 사회보험의 대상 포괄성이 보편적 적용에 가까운 형태로 확대되었다는 주장이 일반적이다(구인회·백학영 2008; 배지영·홍백의 2012; 이병희 2012). 그러나 서정희·백승호(2014)의 연구에서도 지적되고 있듯이 기존 사회보험은 서비스 경제로 전환하는 과정에서 등장하고 있는 가짜 자영업, 특수 고용 형태 등 새로운 형태의 고용계약 관계를 포괄하는 데 한계가 있다. 특히 이런 고용계약 관계는 저숙련 서비스 노동자계급에게서 주로 발견되는데, 그 결과 이들 계급의 사회보험 배제는 매우 심각한 수준이라 할 수 있다. 이런 결과를 보면, 기존의 사회보험 제도를 넘어설 수 있는 대안적 정책에 대한 논의가 매우 시급하다고 할 수 있다.

그렇다면 이들 프레카리아트 계급은 어떤 인구학적 특성을 보이고 있는가? 〈표 7-7〉에 따르면, 저숙련 서비스 노동자계급은 여성이, 생산직 노동자계급은 남성의 비율이 증가하고 있음을 알 수 있다. 프레카리아트 계급의 경우 성별로 내부 분화가 발견된다. 연령별로 보면, 2014년 저숙련 서비스 노동자계급은 34세 미만의 청년 계층의 비율이 20.5퍼센트, 생산직 노동자계급은 12.6퍼센트였다. 청년들의 저숙련 서비스 노동자계급 비율이 생산직 노동자계급의 비율보다 8퍼센트포인트 정도 높았다. 프레카리아트 계급 내의 세대 간 분절이 발견된다. 즉 프레카리아트 계급은 전통적 산업사회의 노동

표 7-7 | 프레카리아트 계급의 인구학적 특성

		저숙련 서비스 노동자		생산직 노동자	
		2002년	2014년	2002년	2014년
성별	남성	37.3	36.9	67.1	71.4
	여성	62.7	63.1	32.9	28.6
연령	15~24세	11.4	6.1	3.8	1.9
	25~29세	10.8	8.1	7.3	4.4
	30~34세	12.2	6.3	11.2	6.3
	35~64세	62.6	69.5	73.9	77.5
	65세 이상	3.0	10.0	3.8	9.9

자계급과 달리 성별·연령별·직업별로 다양한 분절이 발견된다고 할 수 있다. 이런 다층적 균열은 프레카리아트 계급의 노동 불안정성을 해소하기 위한 단일한 정치적 목소리를 만들어 내기 어렵게 하는 장애로 작용하리라는 예측이 일반적이다(Standing 2009). 그러나 프레카리아트 계급의 다층적 분열이 정치적 이해관계 및 복지 인식에서 차이를 가져오는지에 대해서는 좀 더 정교한 연구가 필요하다.

3) 프레카리아트 계급의 규모

앞 절에서는 취업자 가운데 프레카리아트화되어 가는 계급이 서비스 노동자계급과 생산직 노동자계급임을 확인했다. 이 절에서는 취업자와 미취업자를 모두 포괄해 프레카리아트화되어 가는 계급의 규모를 살펴보고자 한다.

미취업자들 중에서 장기 실업자와 잠재 실업자를 프레카리아트화되는 계급에 포함했다. 첫째, 장기 실업자는 실업자 중에서 구직 기

표 7-8 | 전체 인구 대비 프레카리아트 계급의 규모 (단위 : %)

구분	2002년	2005년	2010년	2014년
저숙련 서비스 노동자	11.6	10.7	11.5	12.0
생산직 노동자	13.8	12.3	12.1	12.0
장기 실업자	0.3	0.1	0.2	0.2
경계 노동자	0.3	0.5	0.2	0.2
취업 준비, 쉬었음	1.4	2.0	9.0	8.0
합계	27.4	25.6	33.1	32.3

간이 24주(6개월) 이상인 자로 측정했다. 실업자를 프레카리아트화 되어 가는 계층으로 규정할지에 대해서는 논란의 여지가 있다. 이들 의 실업 이전 계급적 지위나 실업 이후 경제활동 참여 시에 경험하게 될 계급 궤적도 다르기 때문이다(신광영 2004, 234). 하지만 실업자 가운데 장기 실업자들은 실업 이전에 속해 있던 계급 위치와 무관하게, 노동 시장에서의 불안정성에 지속적으로 노출되어 있는 계층이다(신광영 2004; 강남훈 2013; 곽노완 2013).

둘째, 잠재 실업자는 경계 노동자와 취업 준비자로 측정했다. 구 직을 포기해 비경제활동인구에 속하지만 취업이 가능한 잠재 실업자 들도 노동시장에서의 불안정성에 지속적으로 노출되어 있는 계층이 다(권우현·강병구·강민정 2009; 황수경 2009). 그리고 이들은 경험하게 될 경제활동의 궤적도 비슷하고, 향후 노동시장에 유입될 가능성이 있는 잠재 인력 이지만 노동시장의 문제로 말미암아 구직을 포기하고 있어서, 고용 불안정, 소득 불안정, 사회보험에서의 배제 등에 노출되어 있다는 점 에서 프레카리아트화되어 가는 불안정 노동 집단이라고 할 수 있다.

〈표 7-8〉는 전체 인구 대비 프레카리아트 계급의 규모를 보여 주

고 있다. 프레카리아트 계급은 현재 시점에서의 불안정 노동 규모라 기보다는 고용, 임금/소득, 사회보험에서 중첩적이고 지속적으로 불안정성을 경험할 가능성이 큰 계급적 지위를 가진 집단을 의미한다. 계급이란 비슷한 사회적 자원을 소유하고 있고, 비슷한 노동시장 경험을 공유할 가능성이 큰 집단이기 때문이다.

〈표 7-8〉을 보면, 2014년 현재 저숙련 서비스 노동자와 생산직 노동자의 비율은 전체 인구 대비 12퍼센트 수준에서 유지되고 있었으며, 장기 실업자와 경계 노동자의 규모는 0.2퍼센트 수준이었다.

그리고 최근 들어 취업 준비의 비중이 매우 높아졌다는 점에 주목할 만하다. 이들이 노동시장에 진입하고 있지 않은 이유는 주로 노동시장의 상황 때문이라고 조사되었고, 이들의 규모는 산업구조의 변화에 따른 구조적인 요인이 크게 작용해 증가하고 있는 것으로 보인다. 이들은 대부분 29세 미만의 청년들이고, 일자리가 부족하다거나, 좋은 일자리가 없다고 판단해 구직을 미루고 있는 불안정한 노동 집단이다. 또한 노동시장의 구조 조정 등으로 은퇴한 중·고령 노인들도 최근 취업 준비 인구에 포함되어 빠르게 증가하고 있다. 이는 중·고령 노인들도 적절한 일자리를 구하지 못하고 있다는 의미이다. 그뿐만 아니라 노후 소득 보장이 제대로 갖추어져 있지 못한 이들이 생존을 위해 노동시장에 내몰려야만 하는 척박한 현실을 보여 주는 징표이기도 하다.

그 결과 한국의 프레카리아트 계급은 2002년 이후로 꾸준히 증가하고 있다. 2002년 전체 인구의 27.4퍼센트였던 프레카리아트 계급의 규모는 10여 년 사이에 32.3퍼센트로 증가했다. 전체 인구의 3분의 1이 불안정한 노동에 직면해 있는 프레카리아트 계급인 셈이다.

여기에 이들 계급 규모에 포함되지 않은 청년층의 니트나 히키코모리 등이 포함된다면 한국의 프레카리아트 규모는 더 커질 것으로 예상된다.

4. 소결

이 장에서는 한국의 불안정 노동을 고용 불안정, 임금/소득 불안정, 사회보험 불안정의 세 가지 차원으로 구분해 분석했다. 그리고 취업자에 대해서는 서비스 경제 사회의 노동시장 특성을 반영하는 외슈(Oesch 2006b, 2008)의 계급 구분에 기초해, 어떤 계급이 불안정성에 지속적으로 노출되는지를 확인함으로써, 프레카리아트화되어 가는 계급을 분류했고, 미취업자에 대해서는 기존의 불안정 노동에 대한 논의들을 바탕으로 장기 실업자와 잠재적 실업자를 프레카리아트화되어 가는 계급으로 구분하고 이들의 규모를 추정했다.

분석 결과, 취업자 중에서는 서비스 관련 단순 노무 종사자, 음식 서비스 종사자, 도소매 판매 서비스 종사자, 대인 서비스 종사자 등의 저숙련 서비스 노동자와 건설 기능 종사자, 농림·어업 및 제조 관련 단순 노무 종사자, 운송 관련 단순 노무 종사자 등 생산직 노동자들이 불안정 노동에 지속적으로 노출되어 있는 프레카리아트 계급으로 확인되었다. 특히 서비스 노동자의 경우 2010년 현재 건강보험을 제외한 사회보험에 60퍼센트 이상이 미가입되어 있는 것으로 나타나 사회적 임금의 불안정성이 매우 심각함을 알 수 있었다.

다음으로 취업자와 미취업자를 포함한 프레카리아트 계급 전체의 규모를 분석했다. 그 결과 2014년 현재 서비스 노동자, 생산직 노동자, 잠재 실업자 가운데 경계 노동자까지 포함하는 불안정 노동의 규모는 전체 인구 대비 32퍼센트에 달했다.

이상의 분석 결과를 바탕으로 한 이 연구의 이론적·사회정책적 함의와 정책 제안은 다음과 같다. 먼저 이 연구는 서비스 경제 사회의 특성을 반영하는 계급 분류를 기반으로 노동의 불안정성을 분석함으로써 계급/계층 연구의 활성화에 기여할 것으로 판단된다. 또한 기존의 서비스 경제화에 대한 논의가 산업 분류를 기반으로 전개된 반면, 이 연구는 직업 분류에 기초해 서비스 경제 사회의 계급을 분석함으로써 동일한 산업군에 속한 직업들의 수직적 분화 현상을 관찰할 수 있게 한다. 이를 통해 서비스 경제 사회에서 발생하는 숙련노동자와 비숙련 노동자 간의 양극화 현상이 어떤 양상으로 전개되는지를 확인할 수 있을 것이다. 이 연구에서는 이 부분이 연구의 초점이 아니므로 자세히 다루지는 않았다.

다음으로 이 연구를 통해 변화하는 서비스 경제 사회의 노동시장 구조 변화를 반영한 대안적 사회정책의 패러다임이 필요함을 확인할 수 있었다. 이 연구의 분석 결과를 보면, 서비스 경제 사회에서 전형적으로 증가하고 있는 서비스 노동자계급의 경우 사회보험에 지속적이고 대규모로 배제되어 있는 것으로 확인되었다. 그뿐만 아니라 생산직 노동자들의 경우에도 비정형 노동이 일상화되면서 전통적 사회보험으로는 포괄될 수 없는 집단이 상당수 존재함을 확인했다. 따라서 전통적 사회보험 제도를 통해 프레카리아트 계급들의 노동시장 불안정성 문제에 대응하기에는 한계가 있다. 물론 사회보험 가입 준수를 위한 감독의 강화(황덕순·윤자영·윤정향 2012, 545-546)나 두루누리 사업과 같은 저소득층 사회보험료 지원 사업을 통해(이병희 외 2012) 프레카리아트들의 불안정 노동 문제에 대응하는 것도 해결 방법이 될 수 있다.

그러나 사회보험 사각지대의 문제가 법·제도적으로 대상자들을 충분히 포괄할 수 있을 정도로 완비되어 있음에도(이병희 외 2012; 구인회·백학영 2008, 178-179), 행정절차상의 관리·감독이나, 가입자의 기여 회피 등으로 인해 사회보험 배제의 문제가 발생하는지에 대해서는 좀 더 세밀한 검토가 필요하다(서정희·이지수 2013). 특히 서비스 경제 사회에서 노동시장 구조는 전통적 산업사회와는 달라졌음에도 여전히 전통적 사회보험 시스템을 통해 노동시장에서의 사회적 위험을 해결하려 하는 과정에서 나타날 수 있는 '사회보장의 제도적 지체' 현상에 대해 좀 더 관심을 가질 필요가 있다. 사회보험 확대를 위한 다양한 정책적 노력이 전개되고 있음에도 저숙련 서비스 노동자계급의 사회보험 배제 수준이 60퍼센트를 넘어서고 있다는 것은, 사회보험과 노동시장 변화 사이의 부정합으로 말미암아 실질적인 제도적 지체 현상이 발생하고 있음을 보여 주는 예이다. 따라서 전통적 산업사회에서 적용되었던 사회보험의 틀을 넘어서 불안정 노동의 문제를 해결할 다양한 방식의 새로운 사회보장 패러다임 수립을 위한 논의들이 활성화될 필요가 있다. 기본소득은 그 하나의 대안이 될 수 있다.

마지막으로 앞서 언급한 대안적 사회보장에 대한 논의보다도 우선적으로 노동시장에서의 고용 불안정성과 일차적 분배의 문제를 해결할 필요가 있다는 점을 강조하고자 한다. 노동시장에서의 고용 불안정성과 적정한 임금의 보장이 제공되지 않는다면, 아무리 좋은 사회보장제도를 구축해 놓는다 해도 '밑 빠진 독에 물 붓기'일 가능성이 크기 때문이다. 결국 고용 불안정성, 임금/소득 불안정성, 사회보험의 불안정성 문제는 불안정 노동의 문제를 해결하기 위해 어느 하나도 소홀히 다루어서는 안 되는 중요한 정책 과제이다.

8장

한국 불안정 노동자의
새로운 내일을 위해

1965년 30억 달러이던 한국의 GDP는 2016년 1만4,044억 달러로 증가했다. 세계 11위이다. 한국 경제는 이렇게 압축적으로 성장했고, 사람들의 삶의 질은 나아지는 듯했다. 그러나 일하고 있는 사람들은 여전히 다양한 측면에서 불안정하다. 게다가 매우 불안정한 노동자의 수는 증가하고 있다.

같은 해인 2016년, 일하다가 사망한 집배원의 수가 여섯이다. 그중 다섯은 배달 업무 중에 길에서 갑자기 쓰러져 숨졌다. 주로 청년들이 일하는 게임 개발 업계에서는 2016년에 사망한 노동자가 넷이다. 두 명의 사인은 돌연사였는데 하루 노동시간이 11~13시간에 달하는 과도한 업무가 원인이었을 가능성이 적지 않다. 2016년 스크린도어를 수리하던 중 구의역에서 숨진 청년의 가방 속에는 컵라면이 들어 있었고, 그가 위험한 일을 얼마나 바쁘게 해내고 있었는지 짐작케 한다. 경제는 성장했지만 노동시장의 불안정성은 개선되었다고 보기 어렵다. 한국의 압축적 근대화는 외형적으로는 경제적 안정을 달성한 것으로 보이지만, 그 안정성은 허구적일 뿐 오히려 불안정성을 일상화해 왔다.

또한 부의 쏠림 현상과 불평등은 나날이 심화되고 노동시장 속 개인들의 불안정성은 삶의 안정성마저도 위협하고 있다. 분배 정의가 사라진 세상에서 청년들은 벼랑 끝에 몰리고 노인들은 난간 끝에 선다. 작금의 현실은 이처럼 답답하고 불안하지만 더 나은 내일을 향한 한국 노동시장의 진보를 희망하며 이 책에서는 한국의 불안정 노동시장을 여과 없이 드러내고자 했다. 산업화 시기 형성된 제도가 현재 한국의 노동시장 불안정성을 높인 과정을 살피고 고용·임금·사회보장 측면을 모두 포괄할 수 있는 불안정 노동의 개념을 새롭게 정의했다. 이를 바탕으로 노동시장 내 대표적 취약 집단인 청년·여성·노인을 대상으로 점차 확대되고 있는 불안정성을 구체적으로 분석하고 한국에서 불안정성이 계급화되는 과정을 살펴보았다.

한국의 산업화는 정부 주도하에 대기업 중심으로 진행되었다. 이 과정에서 형성된 대기업 중심의 복지 생산 레짐은 탈산업화 사회의 변화하는 노동시장 환경에서 비정규 노동자의 증가와 비정규직으로의 여성·청년·노인 집중 현상을 야기하며 한국의 노동시장 불안정성을 높였다. 불안정한 노동자들은 노동시장에서 임시직·기간제·시간제 등 고용계약 측면에서 정규직 노동자에 비해 불안정할 뿐만 아니라 임금수준도 낮다. 또한 정규직 남성 노동자 위주로 설계된 사회보험 제도는 꾸준한 보험료 납입을 전제한다. 그러나 고용이 지속적으로 단절되고 불충분한 임금을 받는 불안정 노동자들은 사회보험료를 꾸준히 납입하기가 현실적으로 어려우며, 이는 사회보험에서의 배제로 이어진다.

결국 이런 단절적 고용과 저임금, 사회보험에서의 배제는 당장 노동시장에서 겪는 어려움뿐만 아니라 불안정하고 빈곤한 노년기로 이어져 한국 사회의 큰 사회적 문제로 작용한다. 따라서 우리는 한국 노동시장의 불안정성을 좀 더 명확하게 드러내기 위해 고용, 임금/소득, 그리고 사회보험까지 다차원적인 측면을 모두 고려하는 불안정 노동 개념을 사용해 대표적으로 청년·여성·노인을 대상으로 불안정성을 분석했다.

19~34세의 청년을 대상으로 불안정성을 분석한 결과 청년 노동시장의 불안정성은 양극화되는 경향을 나타내고 있었다. 전체적으로 '불안정한' 청년과 '다소 불안정한' 청년의 규모는 줄었지만 양극단의 '매우 불안정한' 청년과 '불안정하지 않은' 청년은 증가했기 때문이다. 청년들의 불안정성에는 고용, 임금/소득, 사회보험 가운데 소득 불안정이 가장 컸다. 남성일수록, 나이가 적을수록, 학력이 낮을수록 불안정 집단에 속할 확률이 높게 나타났다. 또한 직업에서는 단순 노무 종사자일 경우, 사업체 규모로는 네 명 이하의 소규모 기업 종사자일 경우, 그리고 산업에서는 숙박 및 음식점업과 교육 서비스업이 불안정할 가능성이 가장 높았다. 이런 결과는 정부나 지자체에서 추진하는 단순 고용 촉진 위주의 일자리 정책이나 중소기업 인턴제 같은 정책을 면밀히 재고해 봐야 함을 의미하며, 또한 청년 일자리의 질을 개선할 필요가 있음을 시사한다. 여성 청년의 경우, 출산 및 양육기에 노동시장에서 아예 이탈하는 양상을 강하게 보인다. 따라서 청년 노동시장에서 여성 노동자의 불안정성이 남성에 비해 낮아 보여도 실질적으로 다양한 측면에서 차별을 경험하며 아예 노동시장에서 이탈되거나 진입하기 어려워 여성 청년의 불안정성이 낮다고 말하기는 어렵다.

5장에서는 여성 취업자를 대상으로 불안정성을 살펴보고 불안정 노동의 젠더화를 확인했다. 불안정 유형을 분석한 결과 고용, 임금, 사회보험에서 모두 불안정한 여성 노동자의 비율은 약간 감소했지만 남성들보다 여성들의 불안정 비중이 4~5배 높았다. 지난 10년간 한국 노동시장에서 불안정성의 젠더화가 고착화되었음을 알 수 있었다. 직업군을 중심으로 보면 서비스 및 판매 종사자, 농어업 및 단순노무 직업군에서 여성들의 불안정 노동이 구조화되고 있었다. 서비스 경제로 전환하는 과정에서 노동비용을 줄이려는 경제주체들의 전략이 여성 노동시장에도 영향을 미쳐 저숙련 서비스 노동자 계층을 중심으로 불안정성의 성별 분절화가 나타나고 있다. 그동안 여성의 고용 안정성을 꾀할 다양한 정책적 노력이 있었지만 여성 노동시장의 불안정성은 완화되지 않았다. 따라서 기존 정책들의 실효성을 재검토할 필요가 있다. 특히 한국에서는 시간 선택제 일자리 확산 등 여성들의 노동시장 참여를 촉진하려는 노력이 있었지만, 일자리를 수적으로 증가시키는 측면에 치중했다. 결국 여성들은 저숙련 서비스 일자리에 집중되어 있다.

다음으로는 한국 사회에서 노인들이 겪고 있는 불안정성의 배경을 미성숙한 복지국가와 탈산업사회에서 나타나는 새로운 위험으로 설명하고, 실제로 경제활동에 참가하고 있는 65세 이상 노인의 불안정성을 살펴보았다. 분석 결과, 노동시장에서 노인의 불안정성은 매우 심각하게 나타났으며, 이는 앞서 살펴본 청년과 여성 집단에 비해서도 열악했다. 특히 여성 노인의 경우는 여성과 노인이라는 두 특성이 맞물리면서 불안정성이 심화되는 모습을 보였다. 남성 노인은 '다소 불안정' 유형과 '불안정하지 않음' 유형의 비중이 컸고 이들의 규모가 증가한 반면, 여성 노인은 '매우 불안정' 유형과 '불안정' 유형의 비중이 가장 컸다.

또한 서비스업 종사자의 대부분이 이런 유형에 속했다. 고령화사회에서 노인의 비중 증가와 더불어 일하는 노인도 증가하는 상황에서, 평균 수명이 남성에 비해 긴 여성 노인의 경우 노동시장에 더 오래 남을 가능성이 크다. 한국의 복지 생산 레짐은 생애 주기의 영향을 크게 받는 여성들을 복지 제도적 측면과 노동시장 측면에서 모두 불안정하게 만드는 경향이 있기 때문에, 여성 노인들의 불안정성에 더욱 주목해야 한다. 그러나 남녀 불문하고 노인 집단의 불안정성이 전반적으로 높은 것이 사실이다. 한국의 노인 빈곤율은 너무나 높고 일하는 노인들의 불안정성도 매우 심각하기 때문에 이를 해결하기 위한 정책적 노력이 시급하다.

청년·여성·노인을 대상으로 각 집단의 불안정성을 살펴본 뒤 마지막으로는 어떤 계급/계층을 중심으로 불안정 노동이 형성되고 있는지 분석하고 프레카리아트화되고 있는 불안정 노동 집단의 전체 규모와 변화 추이를 살펴보았다. 이를 통해 표준적 고용 관계에 기초해 설계된 사회보험 중심의 전통적 사회정책이 이들의 불안정성을 적절하게 포괄하고 있지 못함을 확인하고, 비정규직, 가짜 자영업 등 비표준적 고용 관계가 표준화되어 가는 현재의 서비스 경제 사회에 적합한 사회정책을 설계하는 데 함의를 얻고자 했다. 분석 결과, 취업자 중에서는 저숙련 서비스 노동자와 생산직 노동자들이 불안정 노동에 지속적으로 노출되어 프레카리아트화되어 가는 계급으로 확인되었다. 취업자와 미취업자를 모두 포함해 분석한 경우, 저숙련 서비스 노동자, 생산직 노동자, 잠재 실업자까지 포함하는 프레카리아트의 규모는 2014년 전체 인구 대비 32퍼센트 수준이었다.

이상과 같은 한국 노동시장의 불안정성에 대한 실증적 분석 결과들을 살펴보면, 전통적 사회정책들이 이런 노동시장의 불안정성을 포괄하기에 한계가 많음을 확인할 수 있다. 지금까지 살펴본 한국 불안정 노동시장의 모습은 한국 사회에 노동, 일 그리고 복지에 대한 새로운 패러다임이 필요함을 보여 준다. 이제는 전통적인 사회정책에서 더 나아가 서비스 경제 사회의 노동시장 구조 변화를 반영한 대안적 사회정책의 패러다임이 필요하다. 노동을 통한 정의로운 분배가 어려워진 지금, 임금노동자 중심의 사회보장제도를 넘어서는 새로운 구상을 시작해야 한다. 마지막으로 우리는 한국 불안정 노동시장의 내일을 위한 새로운 패러다임으로서 기본소득을 제안한다. 기본소득은 노동시장의 불안정성 문제를 해결할 뿐만 아니라, 생산적 노동을 넘어 봉사 활동, 환경보호 활동, 정치 활동 등 인간의 다중 활동muliti-activity을 가능하게 하는 기본적인 소득을 보장한다는 점에서도 중요하다.

1. '일'과 '쓸모'에의 강요

적정 수준의 소득을 보장받는 것이 반드시 시장에서의 '일'을 통한 소득 보장이어야 하는가? 자본주의 체제에서 '일'을 강요하고, '쓸모'를 강요함에 따라 우리는 이에 반문하지 못하도록 길들여졌다. 하지만 이 질문은 우리에게 좀 더 본질적인 고민을 던진다.

모든 개인은 자신의 삶을 유지하는 데 필요한 어느 정도의 소득을 얻으려는 욕구가 있을 것이다. 또한 한 개인은 자신의 삶을 유지하고자 다양한 형태의 노력, 행동, 활동 그리고 노동을 한다. 여기서 중요한 질문은, 한 개인의 소득에 대한 욕구가, 그 개인이 자신의 삶을 유지하고자 하는 모든 노력과 행동이, 반드시 타인(또는 법, 노동시장, 제도 등)에게 인정받아야 하고, 그 인정에 따른 '가격 매김'을 통해서만 충족되어야 하는지이다. 삶을 영위하기 위한 '소득'에 대한 기본적 욕구가 오직 가격이 매겨지는 '임금노동'을 통해서만 충족되어야 하는 것일까?

더 심각한 질문은 다음과 같다. 일자리가 감소함에 따라 좋은 '가격 매김'이 되는 노동의 총량 자체가 줄어들 것으로 예상되는 상황에서, 즉자적 인간의 소득에 대한 욕구는 어떻게, 그리고 누구에 의해 충족될 수 있을까?

이 책에서는 현재의 노동시장에서 확대되는 불안정성을 집단별로 구체적으로 분석하고, '가격 매김'이 되는 '임금노동'에 대한 개념이 해체되고 있는 현실을 설명했다. 그렇다면 우리가 살펴본 노동시장에서의 불안정성은 현재 설계된 복지국가로 충분히 포괄될 수 있을까? 여기서는 한국 노동시장과 복지국가의 부정합성을 간략히 논하고, 그 대안으로 기본소득을 제안한다. 기본소득 논의는 이상理想의 기본소득과 현실의 기본소득으로 구분해 논한다.[1]

---

1 "이상과 현실은 한 발자국 떨어져 있을 뿐이야." 『사람아 아, 사람아』(다이허우잉 2011)에서 중국의 문화혁명 이후 이상에 대한 열망을 냉소하는 쉬허엉종에게 허징후가 한 말이다.

2. 노동시장과 복지국가의 부정합

20세기에 만들어진 복지국가 제도들이 21세기의 새로운 정치·경제·사회적 환경 변화에 적합하지 않다는 점을 많은 연구자들이 제기해 왔다. 특히 1990년대부터 비스마르크식 복지국가가 탈산업화 시대에 정합성이 있는지가 논의되어 왔다(Esping-Andersen 1996; Pierson 1996). 이런 논의에서는 노동시장 변화가 주로 언급되는데, 지난 30여 년간 산업사회에서 서비스 경제로의 전환이 노동시장의 주요한 변화를 추동했다. 서비스 경제로의 전환은 기술 발전, 재화에서 서비스로의 소비 패턴 변화, 서비스 부문 노동 수요의 증대를 가져왔다(Esping-Andersen 1999; Iversen & Cusack 2000, 325 등). 노동시장의 분절화 현상은 산업사회에서도 관찰되었지만(Doeringer & Piore 1971; Edwards, Reich & Gordon 1982), 서비스 경제로의 구조적 변화는 새로운 형태의 노동시장 분절화 또는 이중화를 강화해 왔다(Esping-Andersen 1993; Emmenegger et al. 2012; Oesch 2006a; Standing 2009 등).

탈산업화의 핵심 현상인 탈제조업화 및 서비스 경제의 확대는 노동시장에 직접적인 영향을 미친다. 제조업에 비해 업종 내에서도 요구되는 숙련도의 차이가 큰 서비스업의 특성으로 말미암아 서비스 경제하에서는 전문지식, 고숙련이 필요한 직업과 저숙련 직업의 증가가 동시에 나타난다. 이 과정에서 중간 숙련을 요구하는 직업들은 줄어들고 저숙련과 저생산성을 특징으로 하는 낮은 질의 일자리들이 증가하는 경향을 보인다(조영훈·심창학 2011). 서비스업은 제조업에 비해 생산성이 낮으며 생산성을 증진시키기도 어렵다. 따라서 기존의 사회보장제도가 전제하던 표준적 고용 관계, 즉 안정적이고 사회적 보호를 받으며 임금 및 노동조건이 노동법, 사회보장법, 단체협약으로 규제되는 일자리가 아닌 저임금, 임시 일자리의 확대에 대한 기업의 선호가 증가하게 된다(이주희 2011; Lee, 2016).

기존의 사회보험 중심의 사회보장제도는 전통적 표준 고용 관계를 전제로 설계되었기 때문에 이런 표준적 고용 관계에서 이탈한, 새로 생겨나는 많은 일자리들은 기존 사회보장제도에 포괄되지 못하는 문제가 있다. 생산 체제의 변화 및 그에 조응하지 못하는 복지 제도는 결국 노동시장의 불안정성 확대와 연결된다. 특히 노동시장에 새로 진입히는 청년층은 비전형적 고용 관계에 노출된 전형적인 인구 집단이다(김교성 외 2010). 결국 청년들은 노동시장에 진입하기도 힘든 사회에서 완전고용을 전제하던 기존 사회정책이 효과적으로 작동하기는 힘들다. 불안정한 직업 경력은 사회보장제도 배제로 이어져 악순환 관계를 형성한다(김철주·박보영 2006).

이 같은 '복지 정책의 제도적 지체' 현상은 노동시장에서 발생한 변화들과 전통적 산업사회를 기반으로 만들어진 복지 제도가 현실과 부합하지 않아 발생하며, 이에 따른 '새로운 배제'를 유발할 수 있다.

3. 인간의 다중 활동에 대한 기본소득 보장

현대사회는 표준적 고용 관계가 해체되면서 시장 소득을 통해 소득의 안정성을 확보하기가 어려워졌다. 이런 상황에서 소득에 대한 욕구는 노동에 매겨진 가격을 통해서만 충족되어야 하는가? 탈산업화 및 서비스 경제의 확대는 노동시장에 직접적인 영향을 미친다. 앞서 설명했듯이, 서비스 부문 일자리가 주로 저숙련, 비정규직 위주로 확장됨으로써 여성·노인·이주자·청년 등 노동시장 취약 계층이 서비스 부문의 노동 수요를 충당하고 있다. 그리고 전통적 산업사회와는 전혀 다른 고용 및 일의 형태가 등장하고 있다. '노동시간' 측면에서도 변화가 나타나고 있다. 일의 개념이 변화하면서, 이제 '노동시간'도 측정 가능하지 않으며, 더욱이 '가격 매김'이 가능한 노동/일의 양을 측정하기란 거의 불가능해지고 있다. 즉 여러 불안정한 고용 형태들이 생겨나면서 점차 '정규 노동시간'의 의미가 모호해질 수 있다.

그러나 노동시간 자체의, 그리고 노동시간 측정 가능성의 감소, 또는 고용의 비연속성discontinuity이 반드시 개인의 욕구 충족에 부정적인 것은 아니다. 고용이 비연속적일수록 노동자의 노동시간에 대한 선택권과 자유가 증가할 수 있는 측면이 있다. 다시 말해, 비연속적 고용이 반드시 고용 불안정을 의미하지는 않는다. 예를 들어, 노동시간의 단축은 안식년을 가지거나 육아를 위해 휴직하는 등의 휴식에 대한 권리와, 노동자 스스로 그 비연속성과 유연성을 선택하고 관리할 수 있는 권리를 부여한다. 즉 개인이 삶을 영위하는 데서 스스로 단위당 시간의 '이용가치'와 시장에서의 '교환가치'를 선택하고 판단할 권리를 부여받을 수 있다.

이를 위한 첫 번째 전제 조건이 '타인에 의한 가격 매김' 여부와 무관한 소득 보장이다. 다시 말해, 개인이 다중 활동적 삶을 살기 위해서는 기본소득 제공이 강력한 대안이 될 수 있으며, 이는 유급 노동과 무급 활동을 최대한으로 넓게 재분배하는 가장 좋은 도구가 될 수 있다(Gorz 2005). 한 예로, 보조금을 제공해 노동자의 낮은 임금을 지원함으로써 고용 안정을 보장하기보다, 기본소득을 통해 실업·무직에 대한 소득 보장을 강화함으로써 노동자가 일자리 선택에 있어 권력을 가질 수 있게 할 수 있다. 물론 이런 시스템의 한계점은 일정 '조건'에 부합해야 급여가 지급된다는 점이다.

• 이런 배경에서 기본소득 논의의 주요 쟁점은 급여의 무조건성에 있다. 물론 무조건적으로 보장되는 기본소득이 도입되면 개인이 복지에 의존할지 모른다고 우려하는 식의 반론이 지배적이다. 그러나 현재 표준적 고용의 의미가 모호해지고, 법과 제도로 규정될 수 있는 '근로'의 정의가 모호해지는 시점에서, 급여 수급을 위한 조건을 규정한다는 것 자체가 점점 더 어려워지고 있다. 또한 노동의 범주를 임금노동에서 돌봄 노동으로 확장해 기본소득을 받는 조건으로 규정하는 경우라도, 돌봄 노동 자체의 가치를 절하할 수 있다는 점에서 부정적인 결과를 초래할 수 있다. 왜냐하면 급여에 대한 조건으로서 노동이 규정되려면 해당 노동이 공적 영역 내에 위치해야 하고, 규제되어야 하며, 급여가 노동의 목적이 되어야 하기 때문이다. 따라서 기본소득은 무조건성에 기반을 둬야 한다.

모든 시민에게 조건 없이 기본소득을 제공하면 개인은 노동시장에서 경험할 수 있는 다양한 제약에서 자유로워질 수 있다. 이처럼 시장 소득이 아닌 기본적 수준의 '사회적 소득'은 개인으로 하여금 비인간적인 노동조건을 거부할 수 있게 하는데, 결과적으로 개인이 단위당 시간의 '이용가치'와 시장에서의 '교환가치'를 선택하고 판단할 수 있는 권리를 부여하는 셈이다. 조건 없이 지급되는 보편적인 기본소득은 개인이 정부의 복지 정책에 의존하게 되는 공공 부조나 기타 사회 보호와는 다르며, 앤서니 기든스(Giddens 1994)의 '생성적 정책'generative policy의 예로 개인/집단에 자원을 부여함으로써 그들이 스스로의 삶을 계획하고 책임질 수 있도록 하는 정책이라고 할 수 있다. 이런 형태의 기본소득은 '자기 스스로 결정하는 활동'self-activity을 장려하고, 개인의 실질적 자유를 극대화할 수 있는 장치이다(van Parijs 1995). 노동과 일의 의미를 재해석하고, 시장 소득에 의존적인 개인이 아닌 주체적인 개인의 실질적 자유를 실현하기 위한 복지국가의 모습은 어떤 것인지 새롭게 고민해야 한다. 기본소득을 전면적으로 즉각 도입하자는 논의는 이상적인 측면이 있는 것이 사실이다.[2] 그러나 이런 기본소득의 개념은, 임금노동의 정의가 모호해지고 '가격 매김'(또는 높은 가격 매김)이 될 수 있는 노동의 필요가 총량적 측면에서 점차 줄어드는 현시점[3]에서 한층 중요한 '현실적인' 논점을 제시한다. 특히 변화하는 노동시장과 복지국가의 정합성 논의에서 기본소득은 현실적인 대안으로 검토될 수 있다.

우리는 다시 '즉자적 인간의 소득에 대한 욕구는 어떻게, 그리고 누구에 의해 충족될 수 있을까?'라는 물음을 고민해 볼 필요가 있다. 개인의 소득에 대한 욕구가 타인의 '인정', '조건', '가격 매김'에 의해 충족되는 것으로부터 개인이 더욱 자유로워지게 하는 대안으로 기본소득을 제안해 볼 수 있다. 기본소득은 개인/집단에게 자원 및 선택권을 부여함으로써 그들이 스스로 삶을 계획하고 책임질 수 있게 하는 정책이다. 즉 '자기 스스로 결정하는 활동'을 장려하고 자유

---

2 그러나 현실에서의 구체적인 정책 설계를 위해서도 이상형ideality에 대한 논의는 필요하다. 이런 논의는 토머스 모어의 『유토피아』, 막스 베버의 '이상형'에 대한 방법론 논의 등 오래도록 강조되어 왔다.

3 여기서 노동의 총량이 줄어든다는 것은 자본주의 체제의 노동시장에서 '임금'이 지급될 수 있는 일 paid work로 노동을 정의했을 때의 주장이다.

롭게 개인의 필요와 욕구를 채울 수 있도록 돕는 것이다.

또한 인공지능이 발달하고 자동화가 확산되면서, 직접적인 노동 시간이 생산에 필요한 시간에 비해 매우 적을 경우 보편적인 기본소득은 가장 적절한 정책이 될 수 있다. 이는 노동자와 노동력, 노동에 대한 구분이 불분명한 무형 경제immaterial economy 내에서 더욱 그러하다. 즉 기본소득의 기능 가운데 하나는 개인의 역량을 개발하는 것인데, 이는 기존의 기업이 생산성에 기여하도록 제공하는 지속적인 훈련과는 달리, 개인이 주체적으로 생산적 기능을 초월하는 역량을 개발할 권리를 제공할 수 있다.

사실 이런 기본소득은 새롭게 부상하는 경제에 적합한 급여 방식이다. 앞서 설명했듯이, 현재 탈산업화 시대의 자본주의는 여러 방면에서 변화를 맞고 있고, 특히 노동·일·생산·분배 개념이 전반적으로 변화하는 시기에 있다. 노동은 점점 측정 불가능해지고 있는데, 분배가 계속해서 노동으로만 결정된다면 불평등은 심화될 수밖에 없다. 이제 분배는 노동이 아니라 필요와 권리에 의해 결정되어야 하며, 그 형태도 시장에서의 임금이 아닌 사회적 소득의 형태를 띠어야 한다. 즉 분배는 시장에서 노동과 자원을 교환한다는 개념이 아니라, 분배 정의에 의해 이루어져야 한다. 돈과 상품이 아니라 지식과 비물질적인 자원들이 공유되는 새로운 사회에서, 개인은 공적 영역에서의 노동/일과는 별개로 자신의 역량을 발전시킬 것이다. 따라서 노동의 의미와 필요성은 현재와 같지 않게 될 가능성이 크다. 기본소득은 이런 새로운 사회에 적합한 설계로, 사회적으로 생산된 부를 공동으로 '출자'하는 것이라고 할 수 있으며, 현실적으로 즉각적 도입은 할 수 없더라도 이에 대한 논의를 시작하는 것은 매우 중요하다.

지금까지 기본소득의 필요성과 의미에 대해 논했는데, 기본소득을 한국에 도입하려 한다면 다른 제도와의 정합성을 신중히 검토할 필요가 있다. 한국 복지국가는 아직 제도 성숙기에 진입하지 않았지만(2014년 현재 GDP 대비 사회 지출 수준은 OECD 국가들 중 최하위권으로 10.4퍼센트이다), 한국의 노동시장에서 목격되는 변화는 이미 복지 선진국과 크게 다르지 않다. 이런 상황에서 기본소득의 전면적인 도입은 현재 발아 중인 다른 복지 제도가 안착하기 어렵게 저해할 수도 있다. 따라서 한국에서 기본소득을 도입할 때, 세 가지 측면에서 현재 다른 제도들과의 정합성을 살펴봐야 한다. 첫 번째는 기존의 사회보험 및 공공 부조 등 사회보장제와의 관계이고, 두 번째는 사회 서비스와의 관계이다. 기존 복지국가 제도와의 정합성이 중요한 이유는 기본소득 도입이 다른 제도에 미칠 긍정적·부정적 영향을 고려해야 하기 때문이다. 세 번째는 기본소득제의 도입이 다른 사회 지출에 미칠 재정적 영향을 고려해야 한다. 기존 복지 제도들과 맺을 관계와 관련된 이런 쟁점들은 기본소득론자들 사이에서도 치열하게 논의되는 부분이라고 할 수 있다. 이와 관련해 좌파 진영의 기본소득 지지자들도 기본소득을 단계적으로 실행할 것을 제안한다. 그 방법 가운데 하나는 특정 하위 집단 또는 욕구가 필요한 집단을 포괄하는 기본소득을 도입하는 것이다. 예를 들어, 특정 생애 주기로 제한되지만, 해당 생애 주기에서는 무조건성이 있는 급여로 아동 수당, 노인 연금 보장, 학생 지원 등을 기본소득의 형태로 지급하고, 점차 전체 인구 집단으로 확대해, 별개의 제도들을 하나의 기본 독립체로 통합하는 것이다.[4]

우리는 한국에서의 기본소득 도입을 위해 앞서 설명한 기존의 사회보험과 사회 서비스와의 정합성을 고려하며 단계적으로 기본소득을 도입하자고 제안한다. 구체적으로는 청년 기본소득을 현실의 기본소득으로 제안한다. 청년 기본소득은 앞서 설명했듯이 청년 불안정 노동시장에 대한 대응일 뿐만 아니라, 현재 청년층을 포괄하는 복지 정책이 부재하다는 점을 고려했을 때, 다른 복지 제도와의 정합성 측면에서도 적절한 인구 집단이 될 수 있다(2013년 공공 사회복지 지출의 기능별 추계를 살펴보면, 노령과 보건이 65퍼센트 이상을 차지한다).

4. 현실과 이상의 기본소득

앞서 설명했듯이 한국 노동시장의 심각성에 더해 청년 세대의 문제는, 특히 이들이 고학력임에도 잠재 실업, 장기 실업 그리고 비정규직 등 불안정 노동자로 전전하거나, 청년들이 니트·히키코모리 등 노동시장을 떠나는 선택이 늘고 있다는 사실이다. 한국은 대학 진학률이 OECD 국가들 중 최고 수준이지만, 비정규직과 불안정 노동자의 비율은 상당히 높은 편으로, 고등교육을 받고도 좋은 일자리를 구하리라는 전망을 상실한 청년 세대의 절망이 세계적으로도 유례없이 빠르게 퍼지고 있다.

이런 청년 노동시장의 불안정성에 대한 관심이 집중되면서 한국

---

4 실제로 한국의 고용보험·국민연금·건강보험 등의 사회보장제도들도 적용 대상을 점차 확대하며 발전해 왔다.

에서도 청년 대상의 고용 및 복지 정책들에 대한 논의도 활성화되고 있다. 이전까지는 주로 청년 고용을 활성화하는 정책들이 집중되었다면, 최근에는 성남시와 서울시에서 청년을 대상으로 한 현금 급여 성격의 청년 배당 또는 청년 수당 정책들이 개발되기 시작했다. 이렇듯 청년을 대상으로 한 청년 배당 및 청년 수당 정책 논의 그리고 정책 실행은 한편으로는 한국 노동시장의 불안정성, 특히 한국 청년 노동시장에서의 심각성을 보여 주기도 하지만, 이제 한국 사회에서도 사회 수당 논의가 본격적으로 도입되고 복지 정책이 다양하게 진화되기 시작했다는 청신호로 평가할 수도 있다. 그러나 청년 정책의 안정적인 정착 및 발전, 그리고 좀 더 넓은 인구 집단을 대상으로 하는 사회 수당으로 확대할 가능성을 고려하기 위해서는, 청년 수당의 적정 수준에 대한 논리적 근거들이 마련될 필요가 있다. 다시 말해, 한국 청년의 불안정성에 대한 경험적 자료를 근거로 청년 수당의 수준을 결정하고 그 가격은 얼마인지 분석함으로써, 현재 제안된 청년 수당을 비판적으로 검토하고 다양한 정책 제안을 살펴볼 필요가 있다.

이승윤·이정아·백승호(2016)의 연구에서는 통계청(2015b)의 『가계동향조사』 2014년 원자료를 활용해, 청년들의 현재 가계 지출 및 소비지출을 바탕으로 '생활 비용' 수준을 파악하고, 청년의 적정 소득수준 산출을 시도했다. 19~24세, 25~29세 및 전 연령 구간의 평균 근로소득과 지출의 세부 항목별 지출액 등을 살펴보면, 19~24세의 평균적인 가계 지출과 소비지출 규모는 각각 근로소득의 115퍼센트와 105퍼센트로 부채나 이전소득 없이 충족할 수 없다. 이 연령대의 소비지출액은 가장 높은 편이지만 근로소득이 현저히 낮기 때문이다. 평균 근로소득이 거의 두 배인 25~29세의 소비지출은 10만 원 높을 뿐이다. 특히 19~24세의 상대적으로 높은 주거비 지출액은 주거에 대한 높은 소비성향 때문이 아니라 자산이 없어서라고 볼 수 있다.

만약 2014년에 최저임금(5,210원)을 주는 일자리에 취업해 주 40시간 전일제로 일했다면 받았을 월 급여는 약 109만 원이다.[5] 그러나 평균적인 가계 지출은 약 152만 원으로, 전일제 최저임금 일자리의 월 급여로는 이 중 72퍼센트 미만을 충족할 수 있었다. 다시 말해, 청년이 자신의 생활비를 충족할 수 있는 수준의 임금을 '적정 생활임금'이라고 한다면 현재 최저임금은 적정 생활임금에 훨씬 못 미치고, 19~24세 청년이 가계 지출 또는 소비지출을 충족하려면 각각 최저임금보다 약 40퍼센트와 27퍼센트 이상 높은 임금을 받는 일자리가 있어야 한다. 그러나 최저임금의 90~110퍼센트를 받는 영향률은 25세 미만에서 16.1퍼센트로 다른 연령대와 비교해 가장 높고, 미달자 비율도 28.1퍼센트로 55세 이상(29.5퍼센트) 다음으로 높다(김유선 2015). 즉 한국 청년들이 맞닥뜨린 노동시장 조건에서 독립적인 생활을 영위하기란 쉽지 않다. 이런 분석 결과를 바탕으로, 19~24세의 적정 생활 소득수준인 월 138만4,845원과 최저임금(시간당 5,210원)으로 계산된 월 최저 소득인 월 108만6,657원의 차액인 29만8,188원에 해당되는 금액을 19~24세의 청년에게 무조건적으로 지급하는 청년 기본소득을 구상할 수 있다. 즉 우리나라의 19~24세 청년에게 일시 기본소득으로 정액인 약 30만 원을 청년 기본소득으로 지급하는 것

---

5 주휴 수당의 지불은 〈근로기준법〉에서 정하고 있는 권리임에도 종종 위반되며 최저임금 미만의 급여를 최저임금 이상으로 구분하게 하는 통계적 착시를 일으킨다. 주휴 수당을 지급받지 못한 경우 주 40시간 전일제 최저임금 일자리의 월 급여는 90만5,548원으로 크게 낮아진다.

이다. 현재 매년 약 15조 원의 예산이 일자리 창출 사업에, 약 5조 원이 청년 일자리 정책에 지출되고 있다. 따라서 이렇게 제안되고 있는 청년 기본소득의 소요 예산 약 13조 원은 현재 제안되고 있는 재정 모형에서 고려할 때 충분히 재원을 조달할 수 있다(이승윤·이정아·백승호 2016).

제안된 청년 기본소득은 현실의 기본소득으로 의미가 있다. 그러나 앞서 제기한 '소득에 대한 기본적 욕구'와 '타인에 의한 노동의 인정' 간의 모순적 상황에 따른 인간의 즉자화에 대한 근본적인 문제를 해결하기에는 한계가 있다. 기본소득의 포괄 대상을 점차적으로 전체 인구 집단으로 확대해 가서, 각각의 제도를 하나의 기본소득 제도로 발전시킬 설계도로서 기본소득 기본법 제정도 제안할 수 있다. 여기서 기본소득은 모든 국민이 기본적 수준의 삶을 영위하는 데 필요한 기본적 소득 욕구를 충족시키고, 이를 통해 자아실현, 사회참여를 비롯한 모든 공적 및 사적 영역에서 이루어지는 개인의 활동·노동·일 등을 존중하고, 시간에 대한 개인의 선택권을 보장해 궁극적으로 개인의 주체적 책임과 실질적 자유를 실현하는 것을 기본 이념으로 해야 할 것이다. '기본적 수준'이란 개인이 자신이 속한 사회에서 최소한의 인간다운 삶을 유지할 수 있는 수준을 의미한다. 그리고 '기본소득권'이란 개인은 기본적인 삶을 유지하기 위해 요구할 수 있는 기본적 소득에 대한 사회권이다. 이런 기본소득 기본법은 기본소득제의 목적과 기본 이념을 제시해 궁극적으로 완성된 형태의 기본소득법의 이상형을 제시하는 역할을 할 수 있으며, 이런 기본법은 기본소득제를 단계적으로 도입하기 위해 개별 기본소득법으로 〈기초연금법〉, 〈영유아보육법〉, 〈장애인복지법〉 등에 나타난 수당 형태의 정책 관련 규정들을 포괄할 수 있다.

5. 마치며

구성원들의 다중 활동을 기반으로 하는 사회의 중요한 전제 조건은 소득 보장이다. 무조건적인 사회적 임금의 제공에 대해 논의할 때 자주 제기되는 비판으로는, 노동 유인이 줄어들어 개인들이 일하려는 의욕 자체가 감소한다는 것이다. 이에 우리는 실제로 인간이 '다중 활동'을 할 때 과연 외부적 유인이 필요한지를 고민해 볼 필요가 있다. 삶을 영위하기 위한 인간의 다양한 활동들이 그 자체로 평가될 때는 '노동, 일, 또는 활동'은 근본적 인간의 욕구이자, 필수적인 사회 유대, 미덕 및 타인에 대한 존중감의 근원으로 여겨질 수도 있다.

노동의 의미가 변화하면 개인들 삶의 방식이 바뀌고 사회의 모습도 달라질 것이다. 그런데 노동의 의미가 달라지려면 사회 또한 바뀌어야 한다. 지금의 사회를 변화시키려면 지금까지 '타인에 의해 인정'되어야 했던 일과 관련된 제약들을 없애고, 모든 개인들에게 다양한 활동들을 접할 자유가 아동기부터 주어져야 한다. 이런 과정을 통해 일과 노동이 공부, 자원봉사, 다양한 문화적·예술적 활동들과 조화를 이룰 수 있게 된다. 이렇게 성장한 아동들은 청소년기를 마칠 즈음에는 자연스럽게 시장에서의 생산 활동 영역으로도 진입하게 될 수 있다. 그러나 이런 사회에서 자란 개인들에게 노동은 일생에 걸쳐 수행하는 다양한 차원의 활동 중 하나로 받아들여질 것이며, 궁극적으로 이들의 활동이 노동시장에서의 생산성에 기여하더라도 그 과정에서 생산성에 대한 지나친 강조는 사라질 것이다.

참고문헌

강남훈. 2013. "불안정 노동자와 기본소득." 『마르크스주의 연구』 10(2), 12-42쪽.

강소랑. 2015. "국민연금이 고령자의 노동시장 참여에 미치는 영향." 『정책분석평가학회보』 25, 165-195쪽.

강순희. 2016. "취업청년의 초기 일자리 변동과 고용 안정성." 『한국청소년연구』 27(4), 5-29쪽.

강현아. 1996. "한국과 일본의 여성 노동정책에 관한 비교연구: 1987년 이후 정책내용의 변화를 중심으로." 『현대사회과학연구』 7(단일호), 273-303쪽.

경제사회발전노사정위원회. 2015. 『노동시장 구조개선을 위한 노사정합의문: 사회적 대타협』.

고용노동부. 2015a. 『2015 고용형태별 근로실태조사』.

_____. 2015b. 『2015 사업체 노동실태 현황』.

곽노완. 2013. "노동의 재구성과 기본소득." 『마르크스주의 연구』 10(3), 94-114쪽.

교육부. 2015. "교육기본통계." 교육부.

구인회·백학영. 2008. "사회보장의 사각지대: 실태와 영향요인." 『사회보장연구』 24(1), 175-204쪽.

국가통계포털. http://www.kosis.kr

국민건강보험공단. http://www.nhis.or.kr

국민연금공단. 2016. 『2015년 국민연금통계연보』.

국민연금연구원. 2015. 『2014 국민연금 생생통계』. http://www.nps.or.kr/jsppage/info/resources/info_resources_03_01.jsp?cmsId=statistics_year

_____. 2016. 『2015 국민연금 생생통계』. http://www.nps.or.kr/jsppage/info/resources/info_resources_03_01.jsp?cmsId=statistics_year

권우현·강병구·강민정. 2009. "장기 실업자의 구직활동 및 재취업방안 연구." 한국고용정보원.

금재호. 2000. "여성 노동시장의 변화와 정책 방향." 『규제연구』 9(2), 157-185쪽.

_____. 2013. "청년의 고용 불안과 재취업." 『노동리뷰』 4, 66-82쪽.

김경휘. 2009. "정규직 청년근로자의 고용특성 및 정규직 이탈에 영향을 미치는 요인에 관한 연구." 『한국사회복지조사연구』 22, 25-57쪽.

김교성·김연명·최영·김성욱·김송이·황미경. 2010. "복지국가의 변화에 대한 이념형 분석: 신사회위험의 등장과 사회투자전략의 모색."『한국사회복지조사연구』25, 31-54쪽.

김남순. 2007. "우리나라 노인인력의 활용실태와 개선방안."『사회복지지원학회지』3(1), 148-171쪽.

김란수. 2013. "청년 주거의 대안모델."『한국주거학회지』8(2), 13-19쪽.

김미숙. 2006. "한국 여성 노동력의 성격변화와 노동정책: 1960-2000."『한국인구학』 29(1), 133-156쪽.

김복순. 2014. "자영업 고용 구조와 소득 실태."『노동리뷰』110, 67-79쪽.

김성희. 2009. "불안정 노동층을 위한 실업부조 도입 및 고용보험 확대 방안."『사회법연구』 12, 81-121쪽.

_____. 2015. "박근혜 정부 노동개혁과 청년실업."『노동연구』31, 5-37쪽.

김수정. 2010. "청년층의 빈곤과 이행의 곤란."『사회보장연구』26(3), 49-72쪽.

김수정·김영. 2013. "한국과 일본 청년층의 빈곤요인에 대한 탐색적 연구."『한국사회정책』 20(1), 223-247쪽.

김수현. 2010. "비정규직의 개념과 경제 위기 이후의 비정규직." 새로운사회를여는연구원 보고서.

김안나. 2004. "불안정 고용형태 비교."『한국사회학회 사회학대회 논문집』.

김영미. 2010. "자본주의 다양성 관점에서 본 젠더와 계급의 교차성."『한국여성학』26(3), 65-89쪽.

김우영·권현지. 2008. "비정규 일자리 결정의 동태성과 성별 비정규직 비중의 격차분석." 『여성연구』2008(1), 5-43쪽.

김유빈. 2015. "청년층 노동시장의 실태와 청년 고용정책."『노동리뷰』7, 5-14쪽.

김유선. 2001. "외환위기 이후 노동자 상태 변화: 비정규 고용, 임금을 중심으로."『동향과 전망』51, 27-52쪽.

_____. 2003. "비정규직 증가 원인."『사회경제평론』21, 289-326쪽.

_____. 2007. "비정규직 규모와 실태: 통계청 '경제활동인구조사 부가조사'(2007.8) 결과." 『노동사회』127, 4-36쪽.

_____. 2014. "임금체계가 임금수준과 고용구조 및 경영성과에 미친 영향." 『한국노동사회연구소 이슈페이퍼』2014(4).

_____. 2015. "한국의 노동시장 진단과 과제."『한국노동사회연구소 이슈페이퍼』2015(6).

_____. 2016. "비정규직 규모와 실태."『노동사회』189, 54-94쪽.

김유휘·이승윤. 2014. "'시간선택제 일자리' 정책의 분석과 평가: 한국, 네덜란드, 독일 비교연구."『한국사회정책』21(3), 93-128쪽.

김진곤. 2009. "노인 일자리의 창출과 고용 안정을 위한 입법적 과제."『한국사회정책』16(1), 81-121쪽.

김철주·박보영. 2006. "새로운 사회적 위험의 도래와 복지국가의 현대화."『사회복지정책』 24(4), 317-336쪽.

김태홍·노미혜·김영옥·양승주·문유경. 1992.『여성의 취업실태조사』. 한국여성개발원.

김형배·박지순. 2004. "근로자개념의 변천과 관련법의 적용: 유사근로자에 관한 비교법적 고찰." 한국노동연구원.

김혜련. 2009. "근로 빈곤의 동태적 분석."『통계개발원 2009년 하반기 연구보고서』제III권 5장. 통계개발원.

김혜자·박지영·고난난·진나연·김정은. 2014. "한국복지패널(2005-2011)의 다차원적 빈곤개념을 활용한 도시·농촌 간 빈곤 격차에 대한 연구."『보건사회연구』34(1), 5-51쪽.

김훈·임상훈·유규창·이희진·진숙경. 2013. "무기 계약직 고용관리실태와 개선과제." 한국노동연구원.

남우근. 2007. "누구를 위한 비정규법인가?: 허점투성이 법 우려, 시행 앞두고 현실로." 『월간말』252, 86-91쪽.

남재량·김태기. 2000. "비정규직, 가교(bridge)인가 함정(trap)인가."『한국노동경제논집』 23(2), 81-106쪽.

노병일. 2004. "노인근로자를 위한 고용친화적 제도."『사회과학논문집』22(2), 173-194쪽.

노사정위원회. 2002. "비정규직근로자대책특별위원회 활동보고(II)."

노혜진. 2012. "빈곤가구 자녀의 노동시장 진입과정 유형화."『사회복지정책』39(4), 109-134쪽.

다이허우잉. 2011.『사람아 아, 사람아』. 신영복 옮김. 다섯수레.

류기철. 2001. "취업형태의 지속성에 관한 연구."『노동경제논집』24(1), 207-230쪽.

문무기·박제성·정영훈·김기선. 2008. "과도적 근로관계 연구." 한국노동연구원.

민병희. 2010. "세계화 시대의 청년빈곤계층."『한국사회학회 사회학대회 논문집』, 1,209-1,221쪽.

박기남. 2001. "대기업내 관리직 여성 노동에 관한 연구."『산업노동연구』7(2), 35-65쪽.

박기성. 2001. "비정형근로자의 측정과 제언."『한국노동경제학회 2001년 학술세미나 자료집』, 107-123쪽.

박미희·홍백의. 2014. "청년층의 노동시장 이행 유형과 그 결정요인."『사회복지정책』41(4),

21-49쪽.

박성재·반정호. 2012. "청년 취업자의 저임금 근로 진입과 탈출에 관한 연구: 노동이동의
　　효과를 중심으로."『사회보장연구』28(1), 163-190쪽.

박세정·김안정. 2016. "최근 장기 실업자 현황 분석."『고용동향브리프』2016(10), 19-35쪽.

박옥주·손승영. 2011. "무기 계약직 전환 여성의 '중규직' 경험."『한국여성학』27(1),
　　75-115쪽.

_____. 2012. "비정규직법 시행 이후 기업의 대응방식과 차별적 관행."『담론201』15(3),
　　91-125쪽.

박인상. 2000. "비정규노동자 보호를 위한 정책과제." 한국비정규노동센터.

박정수·김천곤·이건우. 2012. "서비스산업 고용구조와 일자리 창출 전략." Issue Paper
　　(산업연구원) 2012-283.

박지애·남춘호. 2015. "학교-직장 이행과정의 직업 경력 배열분석: 출신학교 소재지별 차이를
　　중심으로."『지역사회학』16(3), 149-189쪽.

반정호. 2010. "이슈분석: 청년층 고용상황과 소득수준의 변화-가구단위의 분석을 중심으로."
　　『노동리뷰』2010(10), 3-15쪽.

반정호·김경희·김경휘. 2005. "청년취업자의 노동이동 및 고용 형태 전환에 영향을 미치는
　　요인에 관한 연구."『한국사회복지학』57(3), 73-103쪽.

배문조·박세정. 2012. "인턴십 연계모델을 통한 노인일자리 창출 방안 연구."
　　『복지상담교육연구』1(1), 81-99쪽.

배지영·홍백의. 2012. "건강보험 지역가입자의 가입자 지위 전환 요인에 관한 연구."
　　『사회보장연구』28(3), 213-233쪽.

배진한. 2001. "비정규근로자의 활용실태와 수요증가의 원인: 사업체 조사를 중심으로."
　　『노동경제논집』24(1), 125-162쪽.

배화숙. 2005. "정규직과 비정규직 노동자의 기업복지 차이 연구: 한국노동패널 6차 자료를
　　중심으로."『사회복지정책』21, 217-237쪽.

백승욱. 2008. "마르크스주의와 국제주의, 그리고 노동자운동."『마르크스주의 연구』5(3),
　　80-116쪽.

백승호. 2014. "서비스 경제와 한국사회의 계급, 그리고 불안정 노동 분석."『한국사회정책』
　　21(2), 57-90쪽.

백학영. 2013. "정규직과 비정규직의 임금격차와 불평등 그리고 빈곤: 연령집단별 차이를
　　중심으로."『사회복지정책』40(3), 75-105쪽.

변금선. 2012. "청년층의 근로 빈곤 요인에 관한 연구."『한국사회복지학』64(3),

257-279쪽.

____. 2015. "가구 소득계층에 따른 청년 노동시장 성과의 차이: 취업 이행기간 및 임금수준을 중심으로."『직업능력개발연구』18(1), 129-161쪽.

사회진보연대 불안정노동연구모임. 2000. "신자유주의와 노동의 위기: 불안정노동 연구." 문화과학사.

서울노동권익센터. 2015. "통계로 본 서울의 노동: 산업구조, 고용구조, 취약노동자의 구조." 서울노동권익센터.

서울사회경제연구소. 2011.『한국의 빈곤 확대와 노동시장구조』. 한울.

서울연구원. 2016. "서울의 노인복지 예산은 얼마나 될까?."『서울인포그래픽스』제173호. https://www.si.re.kr/node/53896

서정희. 2015. "비정규직의 불안정 노동."『노동정책연구』15(1), 1-41쪽.

서정희·박경하. 2015. "비정규 근로자와 자영업자의 불안정 노동."『한국사회정책』22(4), 7-42쪽.

서정희·백승호. 2014. "사회보험의 법적 사각지대."『노동정책연구』14(3), 37-78쪽.

서정희·이지수. 2013. "지역고용인프라 확충을 위한 실태조사." 고용노동부.

성재민·이시균. 2007. "한국노동시장의 비공식 고용."『한국노동경제논집』13(2). 한국노동경제학회, 87-123, 346쪽.

성효용. 2012. "젠더시각에서 본 여성 노동시장."『여성연구논총』10, 65-106쪽.

손혜경. 2009. "스웨덴의 청년실업 원인에 대한 토론과 대책."『국제노동브리프』7(8), 68-75쪽.

____. 2010. "기획특집: 2010년 고용 전망: 스웨덴의 2010년 경제 동향과 노동시장 현황."『국제노동브리프』8(1), 60-69쪽.

신광영. 2004.『한국의 계급과 불평등』. 을유문화사.

____. 2008. "서비스 사회의 계급과 계층구조." 신광영·이병훈 외.『서비스 사회의 구조변동』. 한울.

신동면. 2009. "생산레짐과 복지체제의 선택적 친화성에 관한 이론적 검토." 정무권 엮음. 『한국 복지국가 성격논쟁 II』. 인간과 복지.

신선미·민무숙·권소영. 2013. "미취업 여성청년층의 현황과 고용정책 과제."『취업진로연구』3(2), 41-63쪽.

심상완. 1999. "비정규 고용의 확대와 노동복지."『산업노동연구』5(2), 149-184쪽.

심재휘·김경근. 2015. "대졸 청년층의 초기 노동시장 성과 영향요인 분석: 대학 재학기간을 중심으로."『한국교육학연구』21(1), 113-138쪽.

안주엽. 2001. "한국의 경제활동 참가율 추이의 기초분석."『매월노동동향』2001(8).
　　　한국노동연구원.

안주엽·노용진·박우성·박찬임·이주희·허재준. 2001.『비정규근로의 실태와 정책과제 1』.
　　　한국노동연구원.

안주엽·조준모·남재량. 2002.『비정규근로의 실태와 정책과제 2』. 한국노동연구원.

안주엽·홍서연. 2002. "청년층의 첫 일자리 진입: 경제 위기 전후의 비교."『노동경제논집』
　　　25(1), 47-74쪽.

오성욱. 2013. "구직경로별 대졸청년구직자의 직업선택이 직업만족에 미치는 영향에 관한
　　　연구."『조직과 인사관리연구』37, 93-117쪽.

우석훈·박권일. 2007.『88만원 세대』. 레디앙.

윤진호·정이환·홍주환·서정영주. 2001. "비정규노동자와 노동조합." 전국민주노동조합
　　　총연맹.

원영희. 2012. "시니어클럽의 현황 및 정책과제: 노인일자리 사업을 중심으로."『한국노년학』
　　　32(2), 525-540쪽.

유경준. 2009.『비정규직 문제 종합 연구』. 한국개발연구원.

윤정혜. 2015. "최근 저임금근로자 현황."『고용동향브리프』2015(6). 한국고용정보원.

윤진호. 1994.『한국의 불안정 노동자』. 인하대학교출판부.

이광일. 2013. "신자유주의 지구화시대, 프레카리아트의 형성과 '해방의 정치'."『마르크스주의
　　　연구』10(3), 115-143쪽.

이병훈. 2002. "5·6 비정규 특위의 합의와 이후 과제."『비정규 노동』11, 7-10쪽.

이병훈·윤정향. 2001. "비정규 노동의 개념 정의와 유형화에 관한 연구."『한국노동경제논집』
　　　7(2). 한국노동경제학회, 1-33쪽.

이병희. 2010. "근로 빈곤과 고용안전망 확충 방안."『동향과 전망』79, 249-280쪽.

_____. 2011a. "노동시장 및 노사관계: 청년 고용 문제, 눈높이 때문인가?."『산업노동연구』
　　　17(1), 71-95쪽.

_____. 2011b. "재학 중 근로경험의 실태와 노동시장 성과."『노동경제논집』26(1), 1-22쪽.

_____. 2012. "사회보험료 지원을 통한 공식고용 촉진방안." 이병희 외 엮음.『사회보험
　　　사각지대 해소방안: 사회보험료 지원정책을 중심으로』. 한국노동연구원.

_____. 2015. "사회보험료 지원 정책의 효과 분석."『노동정책연구』15(4), 61-81쪽.

이병희·홍경준·이상은·강병구·윤자영. 2010. "근로빈곤의 실태와 지원정책." 한국노동연구원.

이병희·강성태·은수미·장지연·도재형·박귀천·박제성. 2012. "사회보험 사각지대 해소 방안:
　　　사회보험료 지원 정책을 중심으로." 한국노동연구원.

이병희·홍경준·이상은·강병구·윤자영. 2010. "근로빈곤의 실태와 지원정책." 한국노동연구원.

이상준·김미란. 2010. "인턴제 근로자의 노동시장 이행에 관한 연구: 비정규직 근로
　　형태로서의 인턴제를 중심으로."『고용직업능력개발연구』13(1), 1-25쪽.

이성균. 2001. "노동시장과 불평등: 경제 위기와 노동시장 지위변동: 계급적 지위와 종사상
　　지위를 중심으로."『산업노동연구』7(2), 67-97쪽.

이소정. 2012. "노인의 경제활동 특성과 정책과제."『보건복지포럼』192, 17-25쪽.
　　https://www.kihasa.re.kr/web/publication/periodical/list.do?menuId=48&t
　　id=38&bid=19&aid=215

이수욱·김태환. 2016. "소득변화에 따른 청년 가구의 임대료부담능력 전망과 지불 가능한
　　임대주택 규모 추정."『주택연구』24, 5-26쪽.

이승렬·김종일·박찬임·이덕재·홍민기. 2009. "자영업 노동시장 연구 II: 노동시장 정책과
　　사회보장." 한국노동연구원.

이승윤. 2012. "개념구조, 기능적 등가물 그리고 동아시아 복지국가론."『한국사회정책』
　　19(3), 185-214쪽.

이승윤·안주영·김유휘. 2016. "여성은 왜 외부자로 남아 있는가?."『한국사회정책』23(2),
　　201-237쪽.

이승윤·이정아·백승호. 2016. "한국의 불안정 청년 노동시장과 기본소득 정책안."
　　『비판사회정책』52, 365-405쪽.

이시균. 2006. "비정규노동의 나쁜 일자리에 관한 실증연구."『노동정책연구』6(2), 29-76쪽.

이자형·이기혜. 2013. "대졸자 노동시장 성과 결정요인의 구조적 관계: 비인지적 능력의
　　효과를 중심으로."『고용직업능력개발연구』14(2), 27-54쪽.

이주희. 2008. "직군제의 고용차별 효과."『경제와 사회』80, 165-194쪽.

＿＿＿. 2011. "고진로(High Road) 사회권 패러다임: 표준고용관계의 위기 극복을 위한 탐색적
　　시론."『동향과전망』2011(6), 244-279쪽.

이진경. 2012. "프롤레타리아트와 프레카리아트: 정규직 노동자와 비정규직 노동자의
　　비대칭성에 대해."『마르크스주의 연구』9(1), 173-201쪽.

이현욱. 2013. "청년층 여성의 취업이동과 불안정 고용에 대한 연구."『한국도시지리학회지』
　　16(2), 105-118쪽.

이택면. 2005. "비정규 고용의 결정요인에 관한 경제사회학적 분석: 거래비용이론의 적용과
　　실증."『한국사회학』39(4), 40-69쪽.

임정준. 2010. "여성의 교육 수준과 직종에 따른 임금차별에 대한 실증분석."『한국여성학』
　　26(4), 39-61쪽.

장경섭. 2009. 『가족, 생애, 정치경제: 압축적 근대성의 미시적 기초』. 창비.

장미혜·문미경·최인희·석재은·노혜진·김혜원·정지연·양아름. 2013. 『여성노인의 노후빈곤 현황 및 대응정책』. 한국보건사회연구원.

장신철. 2012. "비정규직 범위와 규모에 대한 새로운 고찰." 『산업관계연구』 22(1). 한국노사관계학회, 55-77쪽.

장지연. 2004. "고령인력의 활용과 노동시장정책." 『사회연구』 7, 99-112쪽.

장지연·양수경. 2007. "사회적 배제 시각으로 본 비정규 고용." 『노동정책연구』 7(1), 1-22쪽.

장하성. 2017. "국민은 어떤 한국경제를 원하고 있는가?: 좌표와 지향점." 2017 경제학 공동학술대회 발표문.

정민우·이나영. 2011. "청년 세대, '집'의 의미를 묻다: 고시원 주거 경험을 중심으로." 『한국사회학』 45(2), 130-175쪽.

정상진. 2005. "한국 노동시장의 성별 분절화와 임금격차." 단국대학교 경제학과 박사 학위논문.

정상현. 2016. "음식점 및 주점업의 산업특성과 고용구조 변화." 한국노동연구원.

정성미. 2011. "고령자 노동시장의 구조변화." 『노동리뷰』 79, 70-91쪽.

정이환. 2003. "비정규 노동의 개념 정의 및 규모추정에 대한 하나의 접근." 『산업노동연구』 9(1), 71-105쪽.

_____. 2013. "노동시장의 사회학적 연구의 쟁점." 『경제와 사회』 100, 94-113쪽.

정준영. 2015. "청년 고용문제의 해법 찾기: 청년이 말하는 청년일자리 문제에 대한 소고." 『노동사회』 184, 42-50쪽.

조순경. 2008. "여성 비정규직의 분리직군 무기 계약직 전환과 차별의 논리." 『한국여성학』 24(3), 5-40쪽.

조영무. 2014. "미국경제에 부담 커진 학자금 대출 한국도 대비 필요하다." *LG Business Insight* 1303, 2-16쪽.

조영훈·심창학. 2011. "탈산업화와 복지국가의 변모: 신제도주의에 대한 평가." 『사회복지정책』 38(3), 105-129쪽.

주현·김숙경·홍석일·김종호·강신욱. 2010. "자영업 비중의 적정성 분석 및 정책과제연구." 산업연구원.

최경수. 2001. "고용구조 파악을 위한 고용형태의 분류와 규모 추정." 『한국노동경제논집』 24(2), 95-123쪽.

최민정·권정호. 2014. "농촌노인의 사회적 배제와 경제적 불평등의 실증분석." 『사회과학 담론과 정책』 7(1), 103-138쪽.

최병숙·최은영·권지웅·천현숙. 2013. "아동과 청년의 주거 빈곤." 『도시와 빈곤』 104,
　　261-270쪽.

최용환. 2015. "OECD 국가의 '청년 니트(NEET)' 유입에 대한 영향요인 연구."
　　『한국청소년연구』 26(4), 85-115쪽.

최은영. 2014. "서울의 청년 주거 문제와 주거복지 소요." 『도시와 빈곤』 107, 5-61쪽.

통계청. 2013. 『2013 사회조사 결과』.

＿＿＿. 2015a. 『2015 경제활동인구조사』.

＿＿＿. 2015b. 『2015 가계동향조사』.

＿＿＿. 2015c. 『2015 지역별 고용조사』.

＿＿＿. 2016a. 『2016 경제활동인구조사』.

＿＿＿. 2016b. 『2016 지역별 고용조사』. http://kosis.kr/statHtml/statHtml.do?orgId
　　=101&tblId=DT_1ES4G02&conn_path=I2

＿＿＿. 2017. 『2017 경제활동인구조사』. http://kosis.kr/statHtml/statHtml.do?orgId
　　=101&tblId=DT_1DE9046&conn_path=I2

한국노동연구원. 2016. "최근 비정규직 노동시장의 변화."

한국여성개발원. 1992. "여성의 취업 실태조사."

한국은행. 2014. "금융안정보고서."

한유미·정효정. 2005. "여성의 경제활동 활성화를 위한 보육서비스의 과제."
　　『한국영유아보육학』 41(6), 493-519쪽.

허재준. 2007. "한국경제 서비스화가 양질의 일자리 창출로 이어지기 위해서는 무엇이
　　필요한가?." 『월간 노동리뷰』 27. 한국노동연구원, 51-80쪽.

황덕순·윤자영·윤정향. 2012. "사회 서비스산업 노동시장 분석: 돌봄서비스를 중심으로."
　　한국노동연구원.

황수경. 2003. "여성의 직업선택과 고용구조." 한국노동연구원.

＿＿＿. 2009. "잠재 실업의 구조와 규모." 『월간 노동리뷰』 2009(4). 한국노동연구원,
　　17-31쪽.

＿＿＿. 2010. "실업률 측정의 문제점과 보완적 실업지표 연구." 『노동경제논집』 33(3),
　　89-127쪽.

＿＿＿. 2011. "실업 및 잠재실업의 측정에 관한 연구." 한국개발연구원.

황여정·백병부. 2008. "대졸 청년층의 노동시장 성과 결정요인." 『직업능력개발연구』 11(2),
　　1-23.

Baek, S.-H. and S. Lee. S.-Y. 2014. "Changes in Economic Activity, Skills and Inequality in the Service Economy." *Development and Society* 43(1), pp. 33–57.

_____. 2015. "Who are the precarious gendered precariousness in deindustrial South Korean labour market." The 27th SASE Annual Meeting. July 2015. 2–4, UC Berekley.

Barbier, J. C. 2004. "A comparative analysis of 'employment precariousness' in Europe." *Learning from employment and welfare policies in Europe, European Xnat Cross-national research papers* Seventh series, pp. 7–18.

_____. 2005. "The European Employment Strategy, a channel for activating social protection?." *The Open Method of Coordination in Action: the European Employment and Social Inclusion Strategies*. Brussles: Peter Lang.

Beck-Gernsheim, E. and I. Ostner. 1978. "Frauen verändern: Berufe nicht? Ein theoretischer Ansatz zur Problematik 'Frau und Beruf'." *Soziale Welt* 29, pp. 257–287.

Blossfeld, H. P. 1987. "Labor-Market Entry and the Sexual Segregation of Careers in the Federal Republic of Germany." *American Journal of Sociology* 93(1), pp. 89–118.

Bonoli, G., V. George and P. Taylor-Gooby. 2000. *European Welfare States: Towards a Theory of Retrenchment*. Cambridge: Polity Press.

Bosch, G. 2004. "Towards a New Standard Employment Relationship in Western Europe." *British Journal of Industrial Relations* 42(4), pp. 617–636.

Bourdieu, P. 1998. *Acts of resistance: Against the tyranny of the market*. New York: New Press, pp. 95–100.

Burgess, J. and I. Campbell. 1998. "The nature and dimensions of precarious employment in Australia." *Labour & Industry: a journal of the social and economic relations of work* 8(3), pp. 5–21.

Castel, R. 2003. *From Manual Workers to Wage Laborers: Transformation of the Social Question*. Transaction Publishers.

Chang, H. 1999. "The Economic Theory of the Developmental State." In W. Meredith ed. *The Developmental State*. Ithaca, NY: Cornell University Press, pp. 182–199.

Chung, M. K. 2006. "The Korean Developmental Welfare Regime: in search of a
new regime type in East Asia." *Journal of Social Policy and Labor Studies* 16,
pp. 149-171.

Davidsson, J. B. and P. Emmenegger. 2012. "Insider-Outsider Dynamics and the
reform of job security legislation." In Giuliano Bonoli and David Natali eds.
The Politics of the New Welfare State, pp. 206-232.

Doeringer, P. B. and M. J. Piore. 1971. *International labor markets and manpower
analysis*. Lexington, Mass: Health.

Ecoplan. 2003. *Prekäre Arbeitsverhältnisse in der Schweiz. Theoretisches Konzept
und empirische Analyse der Entwicklungen von 1992 bis 2002* [Precarious
working conditions in Switzerland. A theoretical concept and an empirical analysis of
the developments from 1992 to 2002; in German]. Bern, Switzerland:
Staatssekretariat für Wirtschaft.

Edwards, R., M. Reich and D. M. Gordon. 1982. *Segmented Work, Divided Workers*.
Cambridge. [『분절된 노동, 분할된 노동자: 미국노동의 역사적 변형』, 고병웅 옮김, 신서원,
1998]

Eichhorst, W. and P. Marx. 2012. "Whatever Works: Dualisation and the Service
Economy in Bismarckian Welfare States." In P. Emmenegger, S.
Häusermann, B. Palier and M. Seeleib-Kaiser eds. *The Age of Dualization*.
Oxford: OUP, pp. 73-99.

Emmenegger, P., S. Häusermann, B. Palier and M. Seeleib-Kaiser. 2012. *The Age of
Dualization: The Changing Face of Inequality in Deindustrializing Societies*.
Oxford: Oxford University Press. [『이중화의 시대: 탈산업사회에서 불평등 양상의 변화』,
한국노동연구원, 2012]

Esping-Andersen, G. 1993. *Changing Classes: Stratification and Mobility in
Post-industrial Societies*. London: Sage Publications.

_____. 1996. *Welfare states in transition: national adaptations in global economies*.
London: Sage.

_____. 1999. *Social Foundations of Postindustrial Economies*. New York: Oxford
University Press. [『복지체제의 위기와 대응: 포스트 산업경제의 사회적 토대』, 박시종 옮김,
성균관대학교 출판부, 2006]

_____. 2004. "Untying the Gordian Knot of Social Inheritance." *Research in Social*

Stratification and Mobility 21, pp. 115-138.

_____. 2009. *The Incomplete Revolution: Adapting to Women's New Roles.* Cambridge: Polity Press. [『끝나지 않은 혁명: 성 역할의 혁명, 고령화에 대응하는 복지국가의 도전』, 주은선·김영미 옮김, 나눔의집, 2014]

Estevez-Abe, M. 2006. "Gendering the Varieties of Capitalism." *World Politics* 59, pp. 142-175.

_____. 2008. *Welfare and Capitalism in Postwar Japan.* Cambridge: Cambridge University Press.

Estevez-Abe, M., T. Iversen and D. Soskice. 2001. "Social Protection and the Formation of Skills: A Reinterpretation of the Welfare State." In P. Hall and D. Soskice eds. *Varieties of Capitalism: The Institutional Foundations of Comparative Advantage.* Oxford: Oxford University Press, pp. 145-183.

Evans, J. and E. Gibb. 2009. *Moving from precarious employment to decent work.* Global Union Research Network.

Genda, Y. and M. E. Rebick. 2000. "Japanese Labour in the 1990s: Stability and Stagnation." *Oxford Review of Economic Policy* 16, pp. 85-102.

Giddens, A. 1994. *Beyond left and right: The future of radical politics.* Stanford University Press. [『좌파와 우파를 넘어서』, 김현옥 옮김, 한울, 1997]

Goldthorpe, J. H. 2000. *On sociology : numbers, narratives, and the integration of research and theory.* Oxford.

Goodman, R. and I. Peng. 1996. "The East Asian Welfare States: Peripatetic Learning, Adaptive Change, and Nation-Building." In G. Esping-Andersen ed. *Welfare States in Transition: National Adaptations in Global Economies.* London: Sage.

Gorz, A. 2005. *Imaterial (o)-Conhecimento, Valor e capital.* São Paulo: Annablume.

Hall, P. A. and D. Soskice. 2001. "An Introduction to Varieties of Capitalism." In P. A. Hall and D. Soskice eds. *Varieties of Capitalism: The Institutional Foundations of Comparative Advantage.* Oxford: Oxford University Press.

Häusermann, S. and H. Schwander. 2009. "Identifying outsiders across countries: similarities and differences in the patterns of dualisation." Reconciling Work and Welfare in Europe.

_____. 2012. "Varieties of dualization? Labor market segmentation and insder–outsider divides across regimes." In P. Emmenegger, S. Häusermann, B. Palier and M. Seeleib-Kaiser eds. *The age of dualization*. New York: Oxford Univeristy Press, pp. 27–51.

Heery, E. and J. Salmon. 2000. "The insecurity thesis." In E. Heery and J. Salmon eds. *The insecure workforce*. London: Routledge, pp. 1–24.

Hemerijck, A. 2002. "The self-transformation of the European social model(s)." *Internationale Politik und Gesellschaft* 4, pp. 39–67.

Holliday, I. 2000. "Productivist Welfare Capitalism: Social Policy in East Asia." *Political Studies* 48, pp. 706–723.

_____. 2005. "East Asian social policy in the wake of the financial crisis: farewell to productivism?." *Policy & Politics* 33(1), pp. 145–162.

ILO. 2011. "From precarious work to decent work. Policies and regulations to combat precarious employment (ACTRAV BACKGROUND DOCUMENT 23)." Geneva: International Labour Organization.

_____. 2012. *Global Employment Trends for Youth 2012*. ILO.

_____. 2014. LABORSTA Database. Geneva, International Labour Office.

_____. 2017. *Key Indicators of the Labour Market(KILM) 8th Edition*. Geneva: International Labour Office.

Iversen, T. and T. R. Cusack. 2000. "The Causes of Welfare State Expansion: Deindustrialization or Globalization?." *World Politics* 52(3), pp. 313–349.

Kalleberg, A. L. 2000. "Nonstandard employment relations: Part-time, temporary and contract work." *Annual review of sociology* 26(1), pp. 341–365.

_____. 2009. "Precarious work, insecure workers: Employment relations in transition." *American sociological review* 74(1), pp. 1–22.

_____. 2014. "Growing Job Insecurity and Inequality between Good Jobs and Bad Jobs: An Interview with Arne Kalleberg." *Journal of Economic Sociology* 15(4), pp. 11–19.

Keizer, A. B. 2010. *Changes in Japanese Employment Practices*. London: Routledge.

Kim, P. H. 2010. "The East Asian Welfare State Debate and Surrogate Social Policy: An Exploratory Study on Japan and South Korea." *Socio-Economic Review* 8, pp. 411–435.

Korean History Committee of KDI. 2011. *The Korean Economy Six Decades of Growth and Development*. Seoul: Korea Development Institute.

Kroon, B. and J. Paauwe. 2013. "Structuration of precarious employment in economically constrained firms: the case of Dutch agriculture." *Human Resource Management Journal* 24(1), pp. 19-37.

Krugman, P. R. 1996. "First, Do No Harm." *Foreign Affairs* 75, pp. 164-170.

Kwon, H. J. 2005. "Transforming the Developmental Welfare State in East Asia." *Development and Change* 36, pp. 477-497.

Kwon, S. M. 2004. "East Asian Production Regime and Welfare System: A Comparative Study on Korea, Japan and Taiwan." Proceedings of the Spring 2004 Korean Social Welfare Conference, Seoul, Korea.

La Vaque-Manty, M. 2009. "Finding Theoretical Concepts in the Real World: The Case of the Precariat." *New Waves in Political Philosophy*. Palgrave Macmillan.

Laparra, M., J. C. Barbier, I. Darmon, N. Düll, C. Frade, L. Frey, R. Lindley and K. Vogler-Ludwig. 2004. *Managing Labour Market Related Risks in Europe: Policy Implications*. Final Report ESOPE Project. European Commission.

Lee, S. and Y. Kim. 2013. "Precarious Working Youth and Pension Reform in the Republic of Korea and Italy." *The Korean Journal of Policy Studies* 28, pp. 51-75.

Lee, S. S. 2011. "The Evolution of Welfare Production Regimes in East Asia: A Comparative Study of Korea, Japan, and Taiwan." *The Korean Journal of Policy Studies* 26, pp. 49-75.

_____. 2013. "Fuzzy-set method in comparative social policy: a critical introduction and review of the applications of the fuzzy-set method." *Quality & Quantity* 47(4), pp. 1,905-1,922.

_____. 2016. "Institutional legacy of state corporatism in de-industrial labour markets: a comparative study of Japan, South Korea and Taiwan." *Socio Economic Review* 14(1), pp. 73-95.

Lee, S. Y. and S. H. Baek. 2012. "Skill division and wage inequality in the service economies." the Korean Association of Social Policy. 2012 Spring Conference.

_____. 2014. "Why Social Investment Approach is Not Enough: Female Labor Market and Family Policy in the Republic of Korea." *Social Policy and Administration* 48(6), pp. 686–703

Lodovici, M. S. 2000. "The dynamics of labour market reform in European countries." in G. Esping-Andersen and Marino Regini eds. *Why Deregulate Labour Markets*, pp. 30–65.

Martina, E. 2011. *Labour Supply after Normal Retirement Age in Germany: A Fourth Pillar of Retirement Income?*. BGPE Discussion Paper, No. 106. Accessed at Nov 4 2016. https://www.econstor.eu/dspace/bitstream/10419/73438/1/670178209. pdf

Matsumoto, M., M. Hengge and I. Islam. 2012. *Tackling the youth employment crisis: A macroeconomic perspective*. Employment Working Paper Number 124. Geneva: ILO.

Mckinsey Global Institute. 2016. "Digital Globalization: The New Era of Global Flows."

Obinger, J. 2009. *Working on the Margins: Japan's Precariat and Working Poor*. electronic journal of contemporary japanese studies, pp. 1–22.

OECD. 2007. "OECD Economic Surveys: Korea 2007." Paris: OECD.

_____. 2008. "OECD Economic Surveys: Korea 2008." Paris, OECD.

_____. 2009. "OECD Employment Outlook 2009." Paris: OECD.

_____. 2013a. "OECD Economic Surveys: Japan 2013." Paris: OECD.

_____. 2013b. "Pensions at a Glance." Paris: OECD.

_____. 2015. "Working Better with Age." Paris: OECD.

_____. 2016. "Labour market statistics."

Oesch, D. 2003. "Labour market trends and the goldthorope class schema: a conceptual reassessment." *Swiss Journal of Sociology* 29(2), pp. 241–262.

_____. 2006a. "Coming to Grips with a Changing Class Structure: An Analysis of Employment Stratification in Britain, Germany, Sweden and Switzerland." *International Sociology* 21(2), pp. 263–288.

_____. 2006b. *Redrawing the class map: stratification and institutions in britain, germany, sweden and switzerland*. New York: Palgrave Macmillan, pp.

1-28.

____. 2008. "Remodelling class to make sense of service employment: evidence for Britain and Germany." Paper presented at the CREST-ENSAE Seminar of Sociology in Paris, 20. 11. 2008

Peng, I. 2004. "Postindustrial Pressures, Political Regime Shifts, and Social Policy Reform in Japan and South Korea." *Journal of East Asian Studies* 4, pp. 389-425.

Peng, I. and J. Wong. 2010. "East Asia." In F. G. Castles, S. Liebfried, J. Lewis, H. Obinger and C. Pierson eds. *The Oxford Handbook of the Welfare State.* Oxford: Oxford University Press.

Pierson, P. 1994. *Dismantling the Welfare State?.* Cambridge: Cambridge University Press. [『복지국가는 해체되는가: 레이건, 대처, 그리고 축소의 정치』, 박시종 옮김, 성균관대학교 출판부, 2006]

____. 1996. "The new politics of the welfare state." *World Politics* 48(2), pp. 143-179.

Ragin, C. C. 2000. *Fuzzy-set social science.* University of Chicago Press.

Ringen, S., H. Kwon, I. Yi, T. Kim and J. Lee. 2011. *The Korean State and Social Policy: How South Korea Lifted Itself from Poverty and Dictatorship to Affluence and Democracy.* New York: Oxford University Press.

Rodgers, G. and J. Rodgers eds. 1989. *Precarious Jobs in Labour Market Regulation: the Growth of Atypical Employment in Western Europe.* Geneva: International Labour Organization.

Rodrick, D. 2005. "Growth Strategies." In P. Aghion and S. N. Durlauf eds. *Hankbook of Economic Growth* Vol. 1A. Amsterdam: Elsevier, pp. 968-1,014.

Standing, G. 1999. *Global labour flexibility: Seeking distributive justice.* Palgrave Macmillan.

____. 2009. *Work after Globalization: Building Occupational Citizenship.* Cheltenham: Edward Elgar.

____. 2011. *The Precariat: The New Dangerous Class.* London: Bloomsbury Academic. [『프레카리아트: 새로운 위험한 계급』, 김태호 옮김, 박종철출판사, 2014]

Taylor-Gooby, P. 2004. "New Risks and Social Change." In P. Taylor-Gooby ed.

New Risks, New Welfare: The Transformation of the European Welfare State.
Oxford: Oxford University Press.

Ueno, T. 2007. "'Precariat' workers are starting to fight for a little stability." *Japan
Times Online* 21 June (available at:
http://search.japantimes.co.jp/cgi-bin/nn20070621f2.html)

van Parijs, P. 1995. *Real freedom for all.* Oxford: Clarendon Press.

Vosko, L. F. 2006. *Precarious Employment: Understanding Labour Market
Insecurity in Canada.* Quebec: McGill-Queen's University Press.

_____. 2009. *Managing the margins: Gender, citizenship, and the international
regulation of precarious employment.* Oxford University Press.

_____. 2011. "Precarious employment and the problem of SER-centrism in
regulating for decent work." In *Regulating for Decent Work.* Palgrave
Macmillan UK, pp. 58-90.

Vosko, L. F., M. MacDonald and I. Campbell. 2009. *Gender and the contours of
precarious employment.* London: New York: Routledge.

Wayne, S. J. and S. A. Green. 1993. "The effects of leader-member exchange on
employee citizenship and impression management behavior." *Human
relations* 46(12), pp. 1,431-1,440.

World Bank. 2012. World Bank Database, Washington, DC. data accessed at
http://data.worldbank.org

Wright, E. O. 1985. *Classes.* London: Verso. [『계급론』, 이한 옮김, 한울, 2005]

_____. 1989. *The debate on classes.* London: Verso.

_____. 2009. "Understanding class: towards an integrated analytical approach."
New Left Review 60, 101-116.

Yang, J. 2013. "Parochial Welfare Politics and the Small Welfare State in South
Korea." *Comparative Politics* 45, pp. 457-475.

찾아보기

후마니타스의 책 | 발간순

분노한 대중의 사회 | 김헌태 지음

워킹 푸어, 빈곤의 경계에서 말하다 | 데이비드 K. 쉬플러 지음, 나일등 옮김

거부권 행사자 | 조지 체벨리스트 지음, 문우진 옮김

초국적 기업에 의한 법의 지배 | 수전 K. 셀 지음, 남희섭 옮김

한국 진보정당 운동사 | 조현연 지음

근대성의 역설 | 헨리 임·곽준혁 엮음

브라질에서 진보의 길을 묻는다 | 조돈문 지음

동원된 근대화 | 조희연 지음

의료 사유화의 불편한 진실 | 김명희·김철웅·박형근·윤태로·임준·정백근·정혜주 지음

대한민국 정치사회 지도(수도권편) | 손낙구 지음

대한민국 정치사회 지도(집약본) | 손낙구 지음

인권을 생각하는 개발 지침서 | 보르 안드레아센·스티븐 마크스 지음, 양영미·김신 옮김

불평등의 경제학 | 이정우 지음

왜 그리스인가? | 자클린 드 로미이 지음, 이명훈 옮김

민주주의의 모델들 | 데이비드 헬드 지음, 박찬표 옮김

노동조합 민주주의 | 조효래 지음

유럽 민주화의 이념과 역사 | 강정인·오향미·이화용·홍태영 지음

우리, 유럽의 시민들? | 에티엔 발리바르 지음, 진태원 옮김

지금, 여기의 인문학 | 신승환 지음

비판적 실재론 | 앤드류 콜리어 지음, 이기홍·최대용 옮김

누가 금융 세계화를 만들었나 | 에릭 헬라이너 지음, 정재환 옮김

정치적 평등에 관하여 | 로버트 달 지음, 김순영 옮김

한낮의 어둠 | 아서 쾨슬러 지음, 문광훈 옮김

모두스 비벤디 | 지그문트 바우만 지음, 한상석 옮김

진보와 보수의 12가지 이념 | 폴 슈메이커 지음, 조효제 옮김

한국의 48년 체제 | 박찬표 지음

너는 나다 | 손아람·이창현·유희·조성주·임승수·하종강 지음

(레디앙, 삶이보이는창, 철수와영희, 후마니타스 공동 출판)

정치가 우선한다 | 셰리 버먼 지음, 김유진 옮김

대출 권하는 사회 | 김순영 지음

인간의 꿈 | 김순천 지음

복지국가 스웨덴 | 신필균 지음

대학 주식회사 | 제니퍼 워시번 지음, 김주연 옮김

국민과 서사 | 호미 바바 편저, 류승구 옮김

통일 독일의 사회정책과 복지국가 | 황규성 지음

아담의 오류 | 던컨 폴리 지음, 김덕민·김민수 옮김

기생충, 우리들의 오래된 동반자 | 정준호 지음

깔깔깔 희망의 버스 | 깔깔깔 기획단 엮음

정치 에너지 2.0 | 정세균 지음

노동계급 형성과 민주노조운동의 사회학 | 조돈문 지음

한국 고용체제론 | 정이환 지음

이것을 민주주의라고 말할 수 있을까? | 셸던 월린 지음, 우석영 옮김

경제 이론으로 본 민주주의 | 앤서니 다운스 지음, 박상훈·이기훈·김은덕 옮김

철도의 눈물 | 박흥수 지음

의료 접근성 | 로라 J. 프로스트·마이클 R. 라이히 지음, 서울대학교이종욱글로벌의학센터 옮김

광신 | 알베르토 토스카노 지음, 문강형준 옮김

뚱뚱해서 죄송합니까? | 한국여성민우회 지음

배 만들기, 나라 만들기 | 남화숙 지음, 남관숙·남화숙 옮김

저주받으리라, 너희 법률가들이여! | 프레드 로델 지음, 이승훈 옮김

케인스 혁명 다시 읽기 | 하이먼 민스키 지음, 신희영 옮김

기업가의 방문 | 노영수 지음

니콜로 마키아벨리, 군주론 | 니콜로 마키아벨리 지음, 박상훈 옮김

그의 슬픔과 기쁨 | 정혜윤 지음

신자유주의와 권력 | 사토 요시유키 지음, 김상운 옮김

코끼리 쉽게 옮기기 | 김영순 지음

사람들은 어떻게 광장에 모이는 것일까? | 마이클 S. 최 지음, 허석재 옮김

감시사회로의 유혹 | 데이비드 라이언 지음, 이광조 옮김

신자유주의의 위기 | 제라르 뒤메닐·도미니크 레비 지음, 김덕민 옮김

젠더와 발전의 정치경제 | 시린 M. 라이 지음, 이진옥 옮김

나는 라말라를 보았다 | 무리드 바르구티 지음, 구정은 옮김

가면권력 | 한성훈 지음

반성된 미래 | 참여연대 기획, 김균 엮음

선택이라는 이데올로기 | 레나타 살레츨 지음, 박광호 옮김

세계화 시대의 역행? 자유주의에서 사회협약의 정치로 | 권형기 지음

위기의 삼성과 한국 사회의 선택 | 조돈문·이병천·송원근·이창곤 엮음

말라리아의 씨앗 | 로버트 데소비츠 지음, 정준호 옮김

허위 자백과 오판 | 리처드 A. 레오 지음, 조용환 옮김

민주 정부 10년, 무엇을 남겼나 | 참여사회연구소 기획, 이병천·신진욱 엮음

민주주의의 수수께끼 | 존 던 지음, 강철웅·문지영 옮김

왜 사회에는 이견이 필요한가(개정판) | 카스 R. 선스타인 지음, 박지우·송호창 옮김

관저의 100시간 | 기무라 히데아키 지음, 정문주 옮김

우리 균도 | 이진섭 지음

판문점 체제의 기원 | 김학재 지음

불안들 | 레나타 살레츨 지음, 박광호 옮김

스물다섯 청춘의 워킹홀리데이 분투기 | 정진아 지음, 정인선 그림

민중 만들기 | 이남희 지음, 유리·이경희 옮김

불평등 한국, 복지국가를 꿈꾸다 | 이정우·이창곤 외 지음

알린스키, 변화의 정치학 | 조성주 지음

유월의 아버지 | 송기역 지음

정당의 발견 | 박상훈 지음

비정규 사회 | 김혜진 지음
출산, 그 놀라운 역사 | 티나 캐시디 지음, 최세문·정윤선·주지수·최영은·가문희 옮김
내가 살 집은 어디에 있을까? | 한국여성민우회 지음
브라질 사람들 | 호베르뚜 다마따 지음, 임두빈 옮김
달리는 기차에서 본 세계 | 박흥수 지음
GDP의 정치학 | 로렌조 피오라몬티 지음, 김현우 옮김
미래의 나라, 브라질 | 슈테판 츠바이크 지음, 김창민 옮김
정치의 귀환 | 유창오 지음
인권의 지평 | 조효제 지음
설득과 비판 | 강철웅 지음
현대조선 잔혹사 | 허환주 지음
일본 전후 정치와 사회민주주의 | 신카와 도시미쓰 지음, 임영일 옮김
모두에게 실질적 자유를 | 필리프 판 파레이스 지음, 조현진 옮김
백 사람의 십 년 | 펑지차이 지음, 박현숙 옮김
노동시장의 유연성-안정성 균형을 위한 실험 | 조돈문 지음
나는 오늘 사표 대신 총을 들었다 | 마크 에임스 지음, 박광호 옮김
도시의 역설, 젠트리피케이션 | 정원오 지음
포스트 케인스학파 경제학 입문 | 마크 라부아 지음, 김정훈 옮김
미국의 한반도 개입에 대한 성찰 | 장순 지음, 전승희 옮김
민주주의 | EBS 다큐프라임 〈민주주의〉 제작팀·유규오 지음
지연된 정의 | 박상규·박준영 지음
마르크스를 위하여 | 루이 알튀세르 지음, 서관모 옮김
양손잡이 민주주의 | 최장집·박찬표·서복경·박상훈 지음
그런 여자는 없다 | 게릴라걸스 지음, 우효경 옮김
불타는 얼음 | 송두율 지음
촛불의 헌법학 | 이준일 지음
사자가 소처럼 여물을 먹고 | 한완상 지음
헌법의 약속 | 에드윈 카메론 지음, 김지혜 옮김, 게이법조회 감수
민주주의의 시간 | 박상훈 지음
여공 문학 | 루스 배러클러프 지음, 김원·노지승 옮김
부들부들 청년 | 경향신문 특별취재팀 지음
한국의 불안정 노동자 | 이승윤·백승호·김윤영 지음